AMBROSIUS VON MAILAND

ÜBER DIE BUSSE

CHRISTLICHE MEISTER

70

AMBROSIUS VON MAILAND

ÜBER DIE BUSSE

Einleitung und Übersetzung von
SEBASTIAN MOLL

JOHANNES

Druck: Stückle, Ettenheim
ISBN 978 3 89411 463 3

INHALT

EINLEITUNG

> Das Sakrament der Buße ist ein Geschehnis, in dem sich Gott und Mensch begegnen: der Mensch als Sünder, Gott als die erlösende und heiligende Liebe. Eine solche Begegnung aber gehört zum innersten Wesen des Christentums überhaupt. Denn in ihm ereignet sich sichtbar und greifbar, was am Anfang des Markusevangeliums der Herr selbst als den Inhalt seiner Frohbotschaft zusammenfasst.[1]

In der Tat lauten die ersten Worte Jesu im ältesten Evangelium: «Die Zeit ist erfüllt, und das Reich Gottes ist nahe. Tut Buße und glaubt an das Evangelium!» Sie bilden gleichsam das Leitmotiv, unter das er seine gesamte Verkündigung stellt. Insofern hat Karl Rahner in den eingangs zitierten Zeilen vollkommen Recht, wenn er die Buße als ein Kernelement des christlichen Glaubens beschreibt. Auch Papst Johannes Paul II. bezeichnete es als «die wesentliche Aufgabe der Kirche, den Menschen im Herzen zu Umkehr und Buße zu führen und ihm das Geschenk der Versöhnung anzubieten.»[2]

[1] Karl Rahner, *Sämtliche Werke Band 6/1: De paenitentia. Dogmatische Vorlesungen zum Bußsakrament,* Freiburg 2007, 3.

[2] Johannes Paul II., *Apostolisches Schreiben im Anschluss an die Bischofssynode Reconciliatio et Paenitentia,* 2. Dezember 1984, 23.

Die hohe theologische Bedeutung eines Themas geht allerdings fast unweigerlich mit entsprechenden Streitigkeiten und Irrlehren einher, im Falle der Buße führten diese in der frühen Kirche sogar gleich mehrmals zum Schisma. Daher kommt dem hier zu behandelnden Werk des Kirchenlehrers Ambrosius (339-397)[3] über die Buße ein so hoher Wert zu, steht es doch wie Fels der Rechtgläubigkeit am Ausgang der christlichen Antike. Bevor wir uns jedoch mit diesem Werk selbst befassen, wollen wir einen kurzen Blick auf die Geschichte der Bußtheologie in den ersten Jahrhunderten werfen.

I. Die Debatte um die Busse in der frühen Kirche

I,1. Die biblischen Texte

Den klassischen Text des Bußsakraments bildet Joh. 20,22-23: «Nachdem er [Jesus] das gesagt hatte, hauchte er sie [die Apostel] an und sagte zu ihnen: Empfangt den Heiligen Geist! Denen ihr die Sünden erlasst, denen sind sie erlassen; denen ihr sie behaltet, sind sie behalten.»[4] Den Aposteln wird also nicht nur das Recht verliehen, den Sündern die göttliche Vergebung zuzusichern, vielmehr handelt es sich beim «Erlassen» um eine echte

[3] Als Geburtsjahr kommt auch 333/334 in Frage, vgl. Ernst Dassmann, *Ambrosius von Mailand. Leben und Werk,* Stuttgart 2004, 270-271.

[4] Biblische Zitate stammen, sofern nicht anders angegeben, aus der Einheitsübersetzung 2016.

Gewalt im Sinne eines «wirklichen, durch die Apostel vollzogenen und vor Gott gültigen Vergeben[s] der Schuld, die der einzelne durch seine Einzeltat sich zugezogen hat, durch welche Vergebung eine Aufhebung der Schuld vor Gott durch Gott bewirkt wird.»[5] Die Bedeutung des «Behaltens» ist hingegen etwas schwieriger zu fassen. Es kann sich nicht einfach um einen Gegenbegriff im Sinne eines «Nicht-Erlassens» der Sünden handeln, denn der griechische Begriff ‹κρατεῖν› hat «immer und ausnahmslos den Sinn von einem positiven Tun, und nicht bloß den Sinn von einem rein negativen Unterlassen einer Handlung.»[6] Somit müssen ‹behalten› und ‹erlassen› hier wohl in einem dialektischen Sinne verstanden werden, insofern, als das ‹Behalten› dem ‹Erlassen› notwendigerweise vorausgehen muss. Rahner erläutert:

> Wenn die Kirche durch ihren formellen, autoritativen Spruch dem Sünder die Sünde behält, ihn darauf ‹festlegt› (das heißt ja eigentlich κρατεῖν), dann ist tatsächlich etwas Neues geschehen für den Sünder und für die Kirche: Die Schuld des Sünders ist in der Kirche zu einer Greifbarkeit in der Sichtbarkeit und Öffentlichkeit der Kirche […] geworden.[7]

Erst in diesem Zustand kann die Kirche dem Sünder ein Bußwerk auferlegen, um ihn anschließend von seiner Schuld loszusprechen.

[5] Rahner, *De paenitentia,* 59.

[6] J. B. Umberg, *Die richterliche Bußgewalt nach Joh. 20,23,* in: ZKTh 50/3 (1926) 337-370, hier: 339.

[7] Rahner, *De paenitentia,* 63.

Der zweite für unsere Untersuchung bedeutende neutestamentliche Text betrifft die Frage nach der *paenitentia secunda*, also der sogenannten zweiten Buße nach der Taufe als der ersten. Mehrere christliche Gruppen betrachteten eine solche Buße generell als unzulässig und beriefen sich hierfür auf folgende Stelle im Hebräerbrief:

> Denn es ist unmöglich, jene, die einmal erleuchtet worden sind, die von der himmlischen Gabe genossen und Anteil am Heiligen Geist empfangen haben, die das gute Wort Gottes und die Kräfte der kommenden Weltzeit gekostet haben, dann aber abgefallen sind, erneut zur Umkehr zu bringen; da sie den Sohn Gottes noch einmal für sich ans Kreuz schlagen und zum Gespött machen. (6,4-6)

Es handelt sich hierbei um den – vom Hauptthema des Briefes abgesehen – «theologisch wie kirchengeschichtlich bedeutsamsten und wirksamsten Lehrsatz»[8] des Hebräerbriefs. Allerdings ist bei diesem Text zu beachten, dass er ohne die Erfahrung der großen Verfolgungen späterer Jahrhunderte, also auch ohne die Erfahrung der in Massen auftretenden *lapsi* verfasst wurde.[9] Der Autor des Hebräerbriefes denkt hier an einen einzelnen Menschen, der im Erwachsenenalter zum Glauben kommt und die Taufe empfängt, anschließend ohne äußeren

[8] Hans Windisch, *Der Hebräerbrief*, Tübingen 1913, 50.

[9] Alle antiken Schismen, die über die Frage der Buße bzw. der Reinheit der Kirche entstanden (Novatianer, Donatisten, Melitianer), bildeten sich im Kontext einer Christenverfolgung aus. Für die Entstehung des donatistischen Schismas siehe Bernhard Kriegbaum, *Kirche der Traditoren oder Kirche der Märtyrer? Die Vorgeschichte des Donatismus*, Innsbruck 1986; für die Entstehung des melitianischen Schismas siehe Sebastian Moll, *Die Anfänge des Melitianischen Schismas*, ZAC 17 (2013) 479-503.

Druck vom Glauben abfällt und irgendwann später wieder in die Kirche aufgenommen werden möchte. Einen solchen Fall darf man mit Recht als höchst unwahrscheinlich oder, wie es im Brieftext heißt, «unmöglich» bezeichnen. Es handelt sich also weniger um eine dogmatische als um eine psychologische Unmöglichkeit.[10] Das ist die eigentliche Aussage der Stelle über jene, die vom Glauben abgefallen sind: «Es ist unmöglich, sie wieder zur Buße zu bringen, nicht aber: es ist unerlaubt, ihnen dann, wenn sie zur Buße kommen sollten, die Vergebung zuzusprechen.»[11] Das erklärt auch die zunächst merkwürdig anmutende Formulierung «zur Buße zu erneuern» (ἀνακαινίζειν εἰς μετάνοιαν), wo man eigentlich eine Erneuerung «durch die Buße» erwarten würde. Geht es aber darum, dass solche Menschen gar nicht erst zu einer erneuten Umkehr motiviert werden können, so ist die Akkusativkonstruktion verständlich und die von der Einheitsübersetzung gewählte Wiedergabe durchaus treffend.

Der dritte Text bzw. der dritte Begriff, der für die Debatte kennzeichnend werden wird, findet sich im ersten Johannesbrief: «Wenn einer seinen Bruder eine

10 Vgl. Alfons Kirchgässner, *Erlösung und Sünde im Neuen Testament,* Herder 1950, 161-162: «Gerade derjenige, der den größten Reichtum, die er erfahrene Gnade, wie wertlos wegwirft, kann durch nichts mehr zur Umkehr gebracht werden, weil es ja nichts Höheres gibt: was soll ihn locken, wenn nicht seine Erfahrung? Man möchte sagen, ‹analytisch› sei hier die Unmöglichkeit der Rückkehr dargetan.»

11 Hans Freiherr von Campenhausen, *Kirchliches Amt und geistliche Vollmacht in den ersten drei Jahrhunderten,* Tübingen ²1963, 245, Anm. 4.

Sünde begehen sieht, die nicht zum Tod führt, soll er für ihn bitten und wird ihm so Leben schenken, allen, deren Sünde nicht zum Tod führt. Denn es gibt Sünde, die zum Tod führt. Von ihr spreche ich nicht, wenn ich sage, dass er bitten soll.» (5,16) In auffälliger Weise wird hier das Fürbittengebet, dessen Wirksamkeit just zuvor bekräftigt wurde, für denjenigen ausgeschlossen, der eine Sünde zum Tode begangen hat. Die moderne Forschung hat viel Zeit und Mühe auf die Beantwortung der Frage verwendet, was genau mit dieser «Sünde zum Tode» gemeint sein könnte, ohne zu einer gesicherteren Antwort gekommen zu sein. Ein «zweckloses Herumraten»[12], wie etwa Schnackenburg meint, ist es dennoch nicht. Wie Bultmann richtig feststellt, kann der Tod «nicht als der leibliche Tod verstanden werden, sondern als der ewige Tod, also als die Nichtigkeit, der das ungläubige Leben nach 3,15 [Johannesevangelium] verfallen ist.»[13] Auf dieser Erkenntnis aufbauend können wir mit Johannes Beutler feststellen:

> Bei der «Sünde zum Tode» muss es sich also um eine Verfehlung handeln, die ihrem Wesen nach darauf abzielt, die Lebensgemeinschaft mit Gott abreißen zu lassen. Man wird dabei an den Abfall von der Glaubensgemeinschaft denken, der als solcher keine Rückkehr mehr erhoffen lässt und den so von der Gemeinschaft Getrennten allein der Gnade Gottes überlässt.[14]

[12] Rudolf Schnackenburg, *Die Johannesbriefe,* Freiburg ^{7}1984, 278.

[13] Rudolf Bultmann, *Die Johannesbriefe,* Göttingen ^{2}1969, 90.

[14] Johannes Beutler, *Die Johannesbriefe,* Regensburg 2000, 130 (siehe ebd. für eine Auflistung der mit dieser Interpretation übereinstimmenden Autoren).

Geht man von dieser Interpretation aus, so wird die im Brief enthaltenen Aufforderung verständlich: Der Abtrünnige ist kein Bruder mehr, daher ist er auch von der brüderlichen Fürbitte ausgenommen. Ähnlich wie im Kontext des Hebräerbriefs (s.o.) ist auch hier mit einer etwaigen Rückkehr in die Gemeinschaft nicht zu rechnen.

I,2. Der Hirt des Hermas

Der «Hirt der Hermas», in der ersten Hälfte des zweiten Jahrhunderts in Rom verfasst,[15] ist die erste Schrift, die sich ausführlich mit dem Thema der christlichen Buße befasst. Das Werk gliedert sich in fünf *visiones*, zwölf *mandata* und zehn *similitudines*. In Mandatum IV wird das Problem des Ehebruchs behandelt:

> Ich fragte: Herr, wenn jemand eine im Herrn gläubige Frau hat und diese bei einem Ehebruch ertappt, sündigt dann der Mann, wenn er weiter mit ihr zusammenlebt? Solange er nichts davon weiß, sagte er, sündigt er nicht. Wenn aber der Mann von ihrer Sünde erfährt, und die Frau nicht Buße tut, vielmehr bei ihrer Unzucht verharrt, und der Mann doch mit ihr zusammenlebt, dann macht er sich ihrer Sünde mitschuldig und wird Genosse ihres Ehebruchs. Was nun, fragte ich, Herr, soll der Mann tun, wenn das Weib in dieser Leidenschaft verharrt? Er soll sie entlassen, sagte er, und der Mann bleibe für sich; wenn er

[15] Rom als Entstehungsort ist unumstritten. Die Datierung hingegen ist schwieriger und kommt über Schätzungen nicht hinaus, vgl. MARTIN LEUTZSCH, *Hirt des Hermas,* in: ULRICH KÖRTNER/ MARTIN LEUTZSCH, *Schriften des Urchristentums 3,* Darmstadt 1998, 105-497, hier: 135-137.

> aber seine Frau entlässt und eine andere heiratet, begeht er selber Ehebruch. Herr, sagte ich, wenn nun die Frau, nachdem sie entlassen ist, Buße tut (μετανοήσῃ) und zu ihrem Mann zurückkehren will, soll sie dann nicht aufgenommen werden? Doch gewiss, antwortete er, wenn sie der Mann nicht aufnimmt, sündigt er und zieht sich eine große Sünde zu; vielmehr muss man den Sünder, der Buße tut, aufnehmen, nur nicht mehrmals; denn für die Diener Gottes gibt es nur eine Buße (μετάνοιά ἐστιν μία) [...] Deshalb wurde auch das Gebot gegeben, für euch allein zu bleiben, sei es Mann oder Weib; denn es besteht in solchen Fällen die Möglichkeit der Buße. Ich will nun, fuhr er fort, keinen Anstoß dazu geben, dass dieser Fall tatsächlich eintrete, will vielmehr, dass der Sünder nicht weiter sündige. Was aber seine früheren Sünden angeht, so gibt es seinen, der die Macht hat, Heilung zu geben; denn es ist der, welcher Macht hat über alle Dinge.[16]

Betrachten wir die für uns wesentlichen Elemente dieses Textes. Der Sünder bzw. die Sünderin muss aus der ehelichen Gemeinschaft ausgeschlossen werden, solange er/sie keine Buße getan hat. Wenn er/sie diese aber tut, so muss er/sie wieder aufgenommen werden, die Bußleistung ist also in jedem Fall zu respektieren. Der Respekt vor dieser potentiellen Buße ist sogar der Grund dafür, dass der unschuldige Ehepartner sich nicht erneut verheiraten darf. Schließlich wird noch darauf hingewiesen, dass es nur ein einziges Mal die Möglichkeit zu einer solchen Buße gibt. In diesem Zusammenhang wird interessanterweise auch erstmalig die Sorge geäußert,

[16] Mand IV 1,4-11. Übersetzung nach: Bernhard Poschmann, *Paenitentia Secunda. Die kirchliche Buße im ältesten Christentum bis Cyprian und Origenes,* Bonn 1940, 157-158.

dass die Erlaubnis zur Buße als Anregung zur Sünde aufgefasst werden könne, ein Gedanke, dem wir in der Bußdebatte noch des Öfteren begegnen werden.

Im übernächsten Kapitel wird das Thema der zweiten Buße erneut aufgegriffen:

> Herr, ich habe von einigen Lehrern gehört, dass es keine andere Buße mehr gebe außer jener, da wir ins Wasser stiegen und die Vergebung unserer früheren Sünden empfingen. Er antwortete mir: Du hast recht gehört; denn so ist es. Denn wer Vergebung von den Sünden erlangt hat, durfte nicht mehr sündigen, sondern musste in Heiligkeit verharren. Weil du aber genau nach allem fragst, will ich dir auch dieses kundtun, ohne damit denen einen Anreiz (zur Sünde) zu geben, die in Zukunft gläubig werden wollen, oder die jetzt eben den Glauben an den Herrn angenommen haben. Denn die, welche jetzt eben gläubig geworden sind oder es in Zukunft werden, haben nicht Buße für die Sünden, sondern vielmehr Vergebung für ihre früheren Sünden. Für die nun, welche vor diesen Tagen berufen sind, hat der Herr eine Buße eingesetzt; denn da der Herr ein Herzenskenner ist und alles vorherweiß, kannte er die Schwachheit der Menschen und ebenso die Verschlagenheit des Teufels, dass der den Dienern Gottes Böses antun und schlecht an ihnen handeln würde. In seiner reichen Barmherzigkeit nun erbarmte sich der Herr seines Geschöpfs und setzte diese Buße ein, und mir ward die Gewalt über diese Buße übertragen.[17]

Hier werden wir also unmittelbar Zeuge einer Debatte, die schon zur Zeit der Abfassung des Werkes bestand. Hermas hat von anderen Lehrern jene Position gehört, die wir aus dem Hebräerbrief kennen (s.o.), dass

[17] Mand IV 3,1-5 (Poschmann 159-160).

es nämlich nach der Sündenvergebung durch die Taufe keine weitere Buße mehr geben kann. Ironischerweise bestätigt der ‹Hirt› diese Position («Du hast recht gehört; denn so ist es»), obwohl er doch gerade erst die Möglichkeit einer zweiten Buße erläutert hat. Hier trifft er aber nun eine bemerkenswerte Unterscheidung zwischen denen, die «vor diesen Tagen» die Taufen empfangen haben, und denen, deren Taufe erst noch bevorsteht. Für erstere Gruppe gibt es noch einmal eine zweite Chance in Form der Buße, die anderen hingegen werden nach der Sündenvergebung durch die (noch bevorstehende) Taufe keine Möglichkeit mehr dazu haben. Diese Überzeugung wird in der zweiten Vision bestätigt: «Denn geschworen hat der Herrscher bei seiner Herrlichkeit über seine Auserwählten: Wenn nach diesem festgesetzten Tag noch Sünde geschieht, haben sie keine Rettung mehr; denn die Umkehr hat für die Gerechten ein Ende. Erfüllt sind die Tage der Umkehr für die Heiligen; für die Heiden jedoch ist Umkehr bis zum letzten Tag.»[18] Einige Forscher haben vermutet, dass es sich hierbei nicht um eine dogmatische, sondern eher eine pastorale Haltung handelt, der zufolge man Neugetauften und Katechumenen die Lehre von der zweiten Buße bewusst vorenthalten sollte, aus Sorge, man könnte sie dadurch zu weiteren Sünden anregen.[19] Obwohl besagte Sorge ohne Zweifel präsent war (s.o.), dürfte diese These dennoch nicht haltbar sein, insbesondere, wenn man das Zitat

[18] Vis II 2,5. Übersetzung nach: Leutzsch, *Hirt,* 157.

[19] Vgl. Rahner, *De paenitentia,* 96; Poschmann, *Paenitentia,* 161-162; vgl. ebd. für die Gegenpositionen.

aus den visiones bedenkt. Zwar ist die Vorstellung eines bestimmten Tages «streng genommen eine Fiktion»[20], da nicht alle Christen die Botschaft an ein und demselben Tage hören. Dennoch dürfte der Glaube an eine echte Zweiteilung authentisch sein. Der Hirt des Hermas legt hiermit einen originellen Versuch vor, «das Sündlosigkeitsideal mit dem Sündertum der Wirklichkeit in Ausgleich zu bringen.»[21]

I,3. Tertullian

Tertullian ist der erste und neben Ambrosius der einzige patristische Autor, der einem seiner Werke den Titel «De paenitentia» verliehen hat. Die kurze Schrift, um 203/204 entstanden,[22] ist keine «systematische Darstellung der Bußlehre und des Bußverfahrens, sondern ein an die Katechumenen gerichteter Appell zur Buße.»[23] Für uns ist dabei vor allem das siebte Kapitel interessant, in dem es um das Thema der *paenitentia secunda* geht:

> Nur mit Widerwillen fügen wir die Erwähnung der zweiten oder vielmehr letzten Hoffnung hier ein, denn es könnte so wirken, als würden wir durch die Behandlung einer noch verbleibenden Bußrettung eine weitere Gelegenheit zum Sündigen aufzeigen. Gott bewahre, dass es jemand so versteht, dass ihm auch jetzt noch der Weg zur

[20] Martin Dibelius, *Der Hirt des Hermas,* Tübingen 1923, 447.

[21] Hans Windisch, *Taufe und Sünde im ältesten Christentum bis auf Origenes,* Tübingen 1908, 356.

[22] Vgl. Eva Schulz-Flügel, *Art. Tertullian,* in: LACL (^{3}2002) 668-672, hier: 669.

[23] Poschmann, *Paenitentia,* 284.

> Sünde offen stünde, da ihm ja der Weg zur Buße offen steht! Gott bewahre, dass man den Überfluss himmlischer Gnade nicht zum Trieb menschlicher Dreistigkeit mache! Niemand sei übermäßig schlecht, weil Gott übermäßig gut ist, und sündige so oft, wie ihm vergeben wird.[24]

Wir erkennen sofort eine auffällige Parallele zum «Hirt des Hermas». Die Sorge, dass die Aussicht auf zukünftige Buße als Erlaubnis zur Sünde aufgefasst wird, ist in beiden Texten präsent, und beide Autoren ringen damit auf ihre je eigene Weise. Hermas schließt einen solchen Anreiz dadurch aus, dass er die zweite Buße nur für jene gewährt, die bereits fest im Christentum stehen. Katechumenen oder Heiden hingegen können Vergebung ihrer Sünden nur durch die (noch zu vollziehende) Taufe erfahren. Auch Tertullian sorgt sich in erster Linie um die Seelen der Katechumenen (s.o.), schließt eine zweite Buße für sie allerdings nicht aus. Er sieht sich vielmehr widerwillig genötigt, die *paenitentia secunda* zu predigen, jedoch nicht, ohne mit allem Nachdruck auf die diesbezüglichen Gefahren hinzuweisen. Wir dürfen also davon ausgehen, dass die zweite Buße gängige Praxis in der katholischen Kirche zu Zeiten Tertullians war.

Von eben dieser katholischen Praxis sollte sich Tertullian jedoch alsbald abwenden.[25] Nach seiner Hinwendung zum Montanismus verfasst er die Schrift «De

[24] Paenit. 8,2-4 (eigene Übersetzung).

[25] Dass es Tertullian war, der seine Meinung änderte, und nicht die katholische Kirche, wird von ihm selbst bezeugt (Pud. 1,10). Vgl. Gerhard Esser, *Der Adressat der Schrift Tertullians ‹De Pudicita› und der Verfasser des römischen Bussediktes,* Bonn 1914, 8.

pudicitia», in der er sich darüber beklagt, dass der «Oberpfaffe»[26] und «Bischof der Bischöfe» erklärt habe: «Ich (Ego) erlasse denen, die Buße getan haben, auch die Sünden des Ehebruchs und der Hurerei.»[27] Welchen Amtsträger Tertullian hier konkret attackiert, ist umstritten,[28] für unsere Untersuchung aber zweitranging. Der Karthager hat es nämlich nicht auf den Vertreter eines bestimmten Stuhls abgesehen, sondern «auf die Bußvollmacht des Bischofsamtes als solche.»[29] So hält er zum Ende seiner Schrift kategorisch fest: «Die Kirche wird in der Tat die Sünden vergeben, aber die Kirche des Geistes in Form eines geistlichen Menschen, nicht die Kirche als ein Haufen von Bischöfen. Denn das Recht und das Ermessen kommt dem Herrn zu, nicht dem Knecht; Gott selbst, nicht dem Priester.»[30] Diese Kritik an der Amtskirche mag zunächst geradezu protestantisch klingen, doch geht sie in puncto Vergebung genau in die entgegengesetzte Richtung. Während die Reformatoren die klerikalen Amtsträger dafür kritisierten, die Sündenvergebung durch kirchliches Regelwerk zu stark zu limitieren, wirft Tertullian der Kirche vor, zu großzügig beim Nachlassen der Sünden zu sein. Ein bischöflicher Beschluss wie der oben genannte hätte laut

[26] Mit diesem Begriff gibt Campenhausen – wie mir scheint treffend – den von Tertullian ironisch gebrauchten Titel «pontifex maximus» wieder (vgl. Campenhausen, *Amt,* 252).

[27] Pud. 1,6 (eigene Übersetzung).

[28] Vgl. Claudio Micaelli / Charles Munier, *La Pudicité I,* Paris 1993, 9-38.

[29] Campenhausen, *Amt,* 252.

[30] Pud. 21,17 (eigene Übersetzung).

ihm seinen angemessenen Platz eher an Bordell- denn an Kirchentüren.[31]

Der entscheidende Gedanke, den Tertullian mit diesem Werk in die Kirchengeschichte eingeführt, ist die systematische Unterscheidung von vergebbaren und unvergebbaren Sünden. Für letztere verwendet er den Begriff *peccatum mortalis* bzw. *delictum mortalis*, den er aus dem ersten Johannesbrief (s.o.) übernommen hat.[32] Tertullian ist davon überzeugt, dass Todsünden nicht vergeben werden können, jedenfalls nicht von Menschen. Dies führt zu der auf den ersten Blick verwirrenden Position, dass man Todsündern zwar die Buße auferlegen solle, jedoch ohne sie je wieder in die Gemeinschaft aufzunehmen. Für Tertullian ergibt diese Haltung allerdings absolut Sinn: «Was uns betrifft, die wir uns bewusst sind, dass allein der Herr Sünden vergibt, jedenfalls die Todsünden, wird sie [die Buße] nicht vergeblich getan werden. Eine Buße nämlich, die dem Herrn anheimgegeben und ihm vor die Füße gelegt wird, wird umso eher Vergebung erwirken, weil sie diese allein von Gott erfleht und nicht glaubt, dass menschliche Gnade für ihre Sünde ausreichend sei. Daher zieht sie es vor, sich vor der Kirche zu schämen, anstatt Gemeinschaft mit ihr zu pflegen.»[33] In letzter Konsequenz sieht also auch der montanistische Tertullian die Todsünder nicht als vollends verloren an. Auch sie haben die Chance auf Vergebung, allerdings nur bei Christus, nicht in sei-

[31] Vgl. Pud. 1,7.

[32] Vgl. Pud. 2,14-15. Vgl. Hans-Josef Klauck, *Der erste Johannesbrief*, Neukirchen-Vluyn 1991, 331.

[33] Pud. 3,3-4 (eigene Übersetzung).

ner Kirche. Zu den Sünden, die nicht vergeben werden können, zählen (ohne Anspruch auf Vollständigkeit)[34]: «Mord, Götzendienst, Betrug, Verleugnung, Gotteslästerung und natürlich Ehebruch und Hurerei sowie jede andere Schändung des Tempels Gottes.»[35]

I,4. Novatian / Novatianer

Ambrosius' Werk «De paenitentia» könnte ebenso gut den Titel «Adversus Novatianos» tragen. Es handelt es sich nämlich nicht um eine Beschreibung der kirchlichen Bußpraxis, über deren Spezifika wir tatsächlich ziemlich im Dunkeln gelassen werden, sondern um eine Widerlegung der novatianischen Position zum Thema Buße. Die novatianische Kirche entstand im Jahre 251, als sich der römische Presbyter Novatian (ca. 200-258) zum Gegenpapst ausrufen ließ und damit ein Schisma herbeiführte.[36] Mit den meisten häretischen bzw. schismatischen Gruppierungen teilen die Novatianer das Schicksal, dass wir über ihre Positionen hauptsächlich aus den Schriften ihrer Gegner informiert sind, so dass die Möglichkeit einer zuverlässigen Rekonstruktion nicht immer gewährleistet ist.[37]

[34] Vgl. Poschmann, *Paenitentia,* 305: «Beachten wir, dass die Liste nicht abgeschlossen sein will und Raum lässt für noch andere schwere Vergehen.»

[35] Pud. 19,25 (eigene Übersetzung).

[36] Für eine Übersicht über sein Leben und Wirken siehe James Papandrea, *Novatian of Rome and the Culmination of Pre-Nicene Orthodoxy,* Eugene 2011, 47-69.

[37] Eine hervorragende Übersicht über die Bußlehre Novatians und seiner Anhänger bietet Hermann Josef Vogt, *Coetus Sanc-*

Als gesichert darf gelten, dass die Novatianer eine von der katholischen Praxis abweichende Bußlehre vertraten, und zwar insofern, als sie Todsündern keinerlei Möglichkeit zur Vergebung durch Buße gewährten, jedenfalls nicht innerhalb der Kirche. Unklar ist, ob sie eine entsprechende Vergebung bei Gott für möglich hielten. Es erscheint unwahrscheinlich, dass Novatian selbst eine solche Vergebung für möglich hielt,[38] doch «als Folge einer theologischen Entwicklung innerhalb der Großkirche [ist] eine Akzentverschiebung in der Lehre der Novatianer und dadurch in der ganzen Kontroverse festzustellen»[39], so dass spätere Autoren die genannte Unterscheidung in der novatianischen Kirche bezeugen können.[40] Mit anderen Worten: Je stärker die katholische Kirche die Vergebungsvollmacht für sich beanspruchte, desto stärker wurde diese (und nur diese) von den Novatianern bekämpft. Ihre Bußlehre entspricht also weitgehend derjenigen des späteren Tertullian (s.o.).[41]

torum. Der Kirchenbergriff des Novatian und die Geschichte seiner Sonderkirche, Bonn 1968, 139-168.

[38] Vgl. ebd. 146.

[39] Ebd. 218.

[40] Vgl. ebd. 217-218, 159-162.

[41] Vgl. C. B. Daly, *Novatian and Tertullian,* The Irish Theological Quarterly 19 (1952) 33-43, hier 43: «Novatians's puritanism is an ally of Tertullian's puritanism.» Außerhalb der Bußdisziplin bestehen aber auch zahlreiche Unterschiede zwischen beiden Gruppen, vgl. Vera Hirschmann, *Die phrygische Opposition. Zu Novatianern und Montanisten im westlichen Kleinasien,* in: Hans Michael Schellenberg / Vera Elisabeth Hirschmann / Andreas Krieckhaus (Hg.), *A Roman Miscellany. Essays in Honour of Anthony R. Birley on his Seventieth Birthday,* Danzig 2008, 42-48.

Die Haltung Novatians bzw. der Novatianer wird zuweilen als rigoristisch bezeichnet,[42] in Wirklichkeit ist sie puritanisch. Eine rigoristische Bußhaltung würde beispielsweise übertrieben strenge Bußen für geringfügige Sünden verhängen. Ein kategorischer Ausschluss von Sündern aus der Gemeinde aber ist «nicht Strenge, sondern kirchlicher Reinheitsfanatismus, ist Verkennung des Wesens der Erlösungsbotschaft und des Rechtfertigungsvorgangs.»[43] Nichts umsonst bezeichneten sich die Novatianer selbst als «die Reinen»[44].

II. Das Werk *De paenitentia*

II,1. Der Platz des Werkes im Leben des Ambrosius

Gegen Ende von *De paenitentia* erlaubt uns Ambrosius einen kurzen autobiographischen Einblick:

> Rufe also deinen Diener heraus! Wenn auch gebunden durch die Fesseln meiner Sünden, an den Füßen gefesselt, die Hände verstrickt und bereits begraben in Gedanken und Werken des Todes, werde ich doch auf deinen Ruf hin frei heraustreten und bei deinem Festmahl unter den Tischgenossen zu finden sein. Und dein Haus wird mit dem Duft kostbaren Salböls erfüllt sein, wenn du denjenigen behütest, den du der Erlösung für würdig erachtet hast. Dann wird man sagen: «Seht, er wurde nicht an der

[42] Vgl. u.a. Vera Hirschmann, *Die Kirche der Reinen. Kirchen- und sozialhistorische Studie zu den Novatianern im 3. bis 5. Jahrhundert,* Tübingen 2015, 2.

[43] Vogt, *Coetus,* 164.

[44] Vgl. Euseb. h.e. 6.43,1.

Brust der Kirche genährt, nicht von Kindheit an gezähmt, sondern aus den Gerichtssälen herausgerissen, den Eitelkeiten dieser Welt entführt. Er hat sich umgewöhnt, vom Ruf des Herolds an den Gesang des Psalmisten. Er verbleibt im Priesteramt nicht um seiner Tugend willen, sondern durch die Gnade Christi, und sitzt unter den Gästen der himmlischen Tafel.»
Bewahre dein Geschenk, o Herr, hab Acht auf die Gabe, die du mir zuteilwerden ließest trotz meiner Flucht. Denn ich wusste, dass ich nicht würdig war, zum Bischof berufen zu werden, da ich mich dieser Welt hingegeben hatte. Doch durch deine Gnade bin ich, was ich bin; und gewiss bin ich zu Recht der Geringste und Niedrigste unter allen Bischöfen. Da aber auch ich eine gewisse Arbeit für deine heilige Kirche aufgenommen habe, halte deine Hand über diese Frucht, und lass nicht zu, dass derjenige, den du ins Priesteramt riefst, als er verloren war, nun als Priester verloren geht! (II.8,72-73)

Es steht somit außer Frage, dass Ambrosius dieses Werk in seiner Funktion als Bischof von Mailand (374-397) geschrieben hat, weshalb es auch keinen Grund gibt, einen anderen Ort als eben diese Stadt als Entstehungsort des Werkes anzunehmen. Interessant ist die Anspielung auf seine kirchenferne Erziehung und seine Hingabe an die Welt, was der öfters zu hörenden These zuwiderläuft, Ambrosius sei in einer christlich geprägten Familie aufgewachsen und habe niemals eine Art von Bekehrung erlebt.[45]

[45] Vgl. u.a. Ernst Dassmann, *Das Leben des heiligen Ambrosius. Die Vita des Paulinus und ausgewählte Texte aus den Werken des Heiligen und anderen Zeitdokumenten,* Düsseldorf 1967, 8: «Trotzdem wird die Erhebung zum Bischof für Ambrosius nicht eigentlich einen Bruch mit der Vergangenheit bedeutet haben. Es bedurfte keiner

Darüber hinaus erwähnt Ambrosius in seiner Erläuterung des 37. Psalms, dass er bereits zwei kleine Bücher über die Buße geschrieben habe.[46] Diese Psalmenexegese lässt sich mit einiger Sicherheit auf das Jahr 395 datieren.[47] Als erste grobe Eingrenzung hätten wir also den Zeitraum 374-395. Weiterhin darf als gesichert gelten, dass Ambrosius sein Werk vor der berühmten Kirchenbuße des Kaiser Theodosius im Jahre 390 verfasst hat, da er ein solches Jahrhundertereignis im Bereich der Buße in einem eigens zu diesem Thema verfassten Werk nicht verschweigen würde. Wir dürfen ferner davon ausgehen, dass dieses Werk des Ambrosius nach dessen Auslegung des Lukasevangeliums verfasst wurde[48], die wir in etwa auf das Jahr 388 datieren können.[49] Als Mittelwert können wir für *De paenitentia* somit ungefähr das Jahr 389 als Entstehungszeit annehmen. Ambrosius schrieb das vorliegende Werk also etwa in seinem 50. Lebensjahr und im 15. Jahr als Bischof von Mailand.

‹Bekehrung› – wie vergleichsweise bei Augustinus –, damit er das Bischofsamt übernehmen konnte. Er wurde in eine christliche Familie hineingeboren, die dem nizänischen Bekenntnis verpflichtet war und voller Stolz eine Martyrerin [sic!] zu ihren Vorfahren zählte.»

[46] In Psalm. 37,1: «De paenitentia duos iam dudum scripsi libellos.»

[47] Vgl. H. J. Auf der Maur, *Das Psalmenverständnis des Ambrosius von Mailand. Ein Beitrag zum Deutungshintergrund der Psalmenverwendung im Gottesdienst der Alten Kirche,* Leiden 1977, 13-14; F. Homes Dudden, *The Life and Times of St. Ambrose. Vol. II.* Oxford 1935, 689-690.

[48] Vgl. Faller, *Opera,* 63-64.

[49] Vgl. Felix Heinrichs, *Ambrosius von Mailand. Die Verteidigung des Propheten David, gewidmet Kaiser Theodosius,* Oberhausen 2013, 175.

Wie bereits erwähnt, stellt das vorliegende Werk des Ambrosius im Wesentlichen eine Auseinandersetzung mit der Lehre der Novatianer dar. Dementsprechend entfaltet der Bischof von Mailand seine eigene Bußtheologie auch als Gegenentwurf zu dieser Lehre und will vor allem zwei Thesen untermauern, die von den Novatianern bestritten werden:

1. Die Kirche hat die Vollmacht, Sünden zu vergeben.
2. Jede Sünde kann durch die Kirche vergeben werden.

Zu 1: «Sie sagen aber, dass sie dem Herrn Ehrfurcht entgegenbringen, dem allein sie die Macht vorbehalten, Verbrechen zu vergeben» (I.2,6), heißt es bei Ambrosius über seine Gegner. Das Vergeben von Sünden durch Menschenhand wird also seitens der Novatianer als Anmaßung empfunden, durch die man Gottes Urteil gewissermaßen vorgreifen würde. Natürlich bestreitet auch ein Ambrosius nicht, dass Gott derjenige ist, bei dem letzten Endes die Macht der Sündenvergebung liegt. Aber ebenso liegt es in seiner Macht, andere mit diesem Dienst zu beauftragen, und so vertraute er die Macht der Sündenvergebung der Kirche an, wobei es sich selbstredend um eine stellvertretende Vollmacht handelt. Der Herr will, «dass die Werke, die er getan hat, als er selbst auf Erden weilte, von seinen Dienern getan werden.» (I.8,34) Ambrosius schlägt die Novatianer hier also mit ihren eigenen Waffen: Sie sind diejenigen, die Gott die Ehrfurcht verweigern, weil sie «das ihnen anvertraute Amt zurückweisen wollen.» (I.2,6)

Neben der Betonung der Vollmacht der Amtsträger legt Ambrosius aber auch großen Wert auf den sündenvergebenden Charakter der Kirche als Gemeinschaft. Dieser Aspekt ist insbesondere deshalb von Bedeutung, da die «Kirche der Reinen» Sündern auch deshalb keine Mitgliedschaft gewährte, da man glaubte, sich selbst durch den Umgang mit ihnen zu verunreinigen. Einen Beleg für diese Haltung glaubten sie in den Worten des Paulus zu finden, der die Gemeinde in Korinth in Bezug auf den Ausschluss eines schweren Sünders warnt: «Wisst ihr nicht, dass ein wenig Sauerteig den ganzen Teig durchsäuert?» (I. Kor. 5,6) Ambrosius greift diese Worte auf und bekennt: «Es war notwendig, den tief Gefallenen abzusondern, damit nicht ein wenig Sauerteig den ganzen Teig verderbe.» (I.15,79) Er schaut aber auch auf die darauffolgenden Worte des Apostels: «Betrachten wir die Äußerung des Apostels für sich: ‹Reinigt den alten Sauerteig, damit ihr ein neuer Teig seid, wie ihr ja bereits ungesäuert seid.› [...] Und aus gutem Grund hat er vom Reinigen gesprochen, nicht vom Wegwerfen, denn was man reinigt, hält man nicht für völlig unbrauchbar, vielmehr wird durch die Reinigung das Brauchbare vom Unbrauchbaren getrennt.» (I.15,79-81) Erneut dreht Ambrosius gewissermaßen den Spieß um. Der Apostel habe zwar dazu aufgefordert, den Sünder auszuschließen, aber nicht auf ewig, sondern zu seiner eigenen Besserung. Die Kirche erleidet durch die anschließende Wiederaufnahme des Büßers keinen Schaden, im Gegenteil: «Wenn wir uns also erbarmen, werden wir nicht durch die Sünde des anderen befleckt, sondern fügen seine Erlösung unserem eigenen Gnadenschatz hinzu, so dass unsere Reinheit so erhalten bleibt, wie sie einst war.» (I.15,83)

Ambrosius befasst sich auch mit der Stelle aus dem Hebräerbrief, in welcher eine zweite Buße nach der Taufe ausgeschlossen zu werden scheint (s.o.), und auf sie sich auch die Novatianer zur Begründung ihrer Lehre beriefen:

> Obwohl sie also durch das leuchtende Beispiel des Apostels selbst und seiner Schriften widerlegt sind, wollen sie dennoch weiterhin Widerstand leisten und behaupten, dass die Autorität der apostolischen Lehre sie unterstütze, wofür sie folgendes Schriftwort an die Hebräer vorbringen: «Es ist unmöglich, jene, die einmal erleuchtet wurden und die himmlische Gabe gekostet haben, die des Heiligen Geistes teilhaftig geworden sind, die das gute Wort Gottes und die Kräfte der künftigen Welt gekostet haben, dann aber gefallen sind, wiederum zur Buße zu erneuern, da sie den Sohn Gottes erneut kreuzigen und triumphierend zur Schau stellen.» (II.2,6)

Ambrosius umgeht dieses Problem dadurch, dass er – «textwidrig»[50] – den Begriff ‹ἀνασταυροῦν› mit ‹rursum crucifigere› (erneut kreuzigen) übersetzt und somit nicht auf die Buße, sondern auf eine zweite Taufe bezog, die es auszuschließen gelte. Da Ambrosius überdies Paulus als den Autor des Hebräerbriefs annimmt, kann er argumentieren, dass Paulus sich nicht selbst widersprechen könne (II.2,7-8).

In der Tat wirft Ambrosius seinen Gegnern dann auch die Praxis der Wiedertaufe vor, wobei sich bei ihm

[50] Herbert Braun, *An die Hebräer,* Tübingen 1984, 173. Siehe hierzu u.a. auch Windisch, *Hebräerbrief,* 54.

in dieser Hinsicht widersprüchliche Aussagen finden. So heißt es bei ihm, dass die Novatianer «nur deshalb die Hoffnung der Menschen zunichte machen wollen, um so mit ihrer Lehre von der Taufwiederholung bei den Verzweifelten leichter Zugang zu finden» (II.5,34), und wünscht, dass «die trügerische Vorstellung einer wiederholbaren Taufe nicht jene verdirbt, die der Hoffnung auf Vergebung beraubt wurden.» (II.2,7) Das lässt sich nur so verstehen, dass die Novatianer ihren eigenen Mitgliedern die Buße zur Vergebung der Sünden verweigern, um sie so zu einer erneuten Taufe zur Vergebung der Sünden zu bewegen. Das kann aber nicht ernsthaft die novatianische Position gewesen sein, da sie damit ihr ureigenstes Anliegen, «die Reinerhaltung der Kirche durch definitiven Ausschluss aller schweren Sünder»[51], konterkarieren würden. Denkbar wäre hingegen, dass die Novatianer, wie etwa auch die Donatisten, die katholische Taufe nicht anerkannten und daher bei Konvertiten eine Wiedertaufe vollzogen. Dazu würde auch eine andere Stelle im Werk des Ambrosius passen, an der er Novatian vorwirft, er habe die Diener des Königs, die ihn zum Hochzeitsmahl einladen wollten (Mt. 22,7), «ergriffen, verhöhnt und getötet, indem er sie mit der Schande einer erneuten Taufe befleckte.» (I.7,30) Diese Aussage hat nur dann einen Sinn, wenn Ambrosius hier «an solche denkt, die von der Großkirche kamen und bei den Novatianer wiedergetauft wurden.»[52] Nimmt man zu diesem Zeugnis die übereinstimmenden Aussa-

[51] Vogt, *Coetus,* 223.
[52] Ebd. 221.

gen des Ambrosiaster[53] hinzu, so entsteht die berechtigte Vermutung, dass zumindest die späteren Novatianer des Westens eine Wiedertaufe bei Konvertiten praktizierten.

Zu 2: Die Novatianer zur Zeit des Ambrosius unterschieden zwischen schwerwiegenden Sünden, für die es innerhalb der Kirche keine Vergebung geben kann, und leichteren Sünden, bei denen dies möglich ist. Allerdings verstrickt sich Ambrosius bei diesem Thema erneut in Widersprüche. So sagt er einerseits über die Novatianer, «dass sie nur schwerwiegende Verbrechen ausschließen, bei leichteren jedoch Gnade walten lassen.» (I.3,10) Kurz zuvor hat er aber festgestellt: «Sie meinen, gewissermaßen nach Art der Stoiker, dass alle Sünden als gleichwertig einzuschätzen seien, und behaupten, dass derjenige, der einen Haushahn, wie sie sagen, erwürgt, ebenso für immer von den himmlischen Mysterien ausgeschlossen gehört wie derjenige, der seinen Vater erwürgt.» (I.2,5) Interessant ist, dass schon Cyprian seinem Gegenspieler Novatian eine stoische Haltung in der Gleichbehandlung von Sünden vorwirft,[54] was sich jedoch lediglich auf die Gleichbehandlung der unterschiedlichen Gruppen von *lapsi* bezog, also der *sacrificati* (Darbringung eines vollständigen Götzenopfers), *thurificati* (Verbrennen von Weihrauch vor einem Götzenbild) und *libellatici* (Inhaber einer meist gefälschten Bescheinigung über eine Opfergabe). Das kann Ambrosius aber nicht im Sinn gehabt haben, zum

[53] Vgl. ebd. 219.
[54] Ep. 55,16.

einen, weil die Thematik der Verfolgung in seiner Zeit nur noch eine historische Rolle spielte,[55] zum andern, weil sein Beispiel vom Erwürgen eines Haushahns[56] nicht im Geringsten dazu passt. Seine Behauptung ist umso verwirrender, da er sie mit einem «aber» (at) an die Aussage anschließt, dass Christus ausnahmslos alle Sünden vergeben habe, eine Aussage also, mit der die Sündengleichbehandlung der Novatianer doch eigentlich harmonieren würde. Berücksichtigt man überdies, dass Ambrosius die These von der Gleichbehandlung nur an dieser einen Stelle vorbringt, während er der Widerlegung der novatianischen Unterscheidung von vergebbaren und unvergebbaren Sünden viel Platz einräumt, so muss erstere Äußerung wohl als ein «Stück antinovatianischer Propaganda»[57] betrachtet werden, das mit der Realität wenig bis gar nichts zu tun hat.

In Bezug auf die Unterscheidung von vergebbaren und unvergebbaren Sünden hält Ambrosius seinen Gegenspielern entgegen: «Der Herr, der alle Sünden vergeben hat, hat bei keinem Verbrechen eine Ausnahme gemacht.» (I.2,5) Als einen wesentlichen Beleg für diese These zieht er das Gleichnis vom verlorenen Sohn heran:

> «Ich habe gesündigt», sagt er [der Sohn], «gegen den Himmel und vor dir.» Er bekennt hier zweifellos eine Sünde zum Tode, damit ihr nicht die Meinung vertreten könnt,

[55] Merkwürdigerweise behandelt Ambrosius das Thema der Verfolgung dennoch zuweilen so, als sei es noch virulent (z. B. I.4,19; I.5,24)

[56] Das wunderliche Beispiel des Haushahns hat Ambrosius von Cicero (Pro Murena 61) übernommen.

[57] Vogt, *Coetus,* 220.

> ein Bußwilliger werde zurecht ausgeschlossen, je nachdem, für welches Verbrechen er Buße tut. Denn derjenige, der gegen den Himmel gesündigt hat, also entweder gegen das Himmelreich oder gegen seine Seele, der begeht eine Sünde zum Tode […] Somit ist durch die Predigt des Herrn aufs Allerklarste geboten, auch diejenigen, die des schwersten Verbrechens schuldig sind, die Gnade des himmlischen Sakraments wieder zu gewähren, sofern sie von ganzem Herzen und mit sichtbarem Bekenntnis für ihre Sünde Buße tun. (II.3,17-19)

Mit der Rede von der «Sünde zum Tode» spricht Ambrosius jene Stelle aus dem ersten Johannesbrief an, auf die sich bereits Tertullian für sein Unterscheidung von vergebbaren und unvergebbaren Sünden bezogen hat (s.o.) Auch für die Novatianer scheinen diese Verse von Bedeutung gewesen zu sein, jedenfalls geht Ambrosius an anderer Stelle ausführlich darauf ein. Er erklärt die Äußerung des ‹Johannes› damit, dass er hier zum einfachen Volk spreche, nicht zu großen Gestalten wie Moses oder Jeremia. Solcher Männer hätte es nämlich bedurft, um bei Gott Gnade für schwerwiegende Sünden zu erwirken. Dieser Gedanke spielt eine entscheiden Rolle im Bußdenken des Ambrosius. Auch er unterscheidet verschiede Schweregrade von Sünde, ist aber überzeugt, dass jede noch so schwere Sünde vergeben werden kann. Allerdings bedarf es zum Nachlass schwerwiegender Sünden einer aufwendigen Bußleistung («Wer aber Schuld angehäuft hat, der muss auch Buße anhäufen; denn größere Verbrechen werden durch größere Tränen abgewaschen») einerseits, und einer hochrangigen Fürsprache («Nicht jeder x-Beliebige aus dem gemeinen

Volk, nicht jemand von plebejischer Bedeutungslosigkeit, sondern jemand von vorzüglichem Lebenswandel und einmaligem Verdienst») andererseits.

Unabhängig von der Frage der jeweiligen Sündenkategorie scheinen die Novatianer – zumindest nach Ansicht des Ambrosius[58] – auch ein grundsätzliches Problem mit dem Bild eines gnädigen Gottes zu haben: «Sie sagen aber, dass sie diese Dinge nur deshalb geltend machen, um Gott nicht als wandelbar erscheinen zu lassen, was der Fall wäre, wenn er denen verzeihen würde, denen er zuvor gezürnt hat.» (I.5,21.) Der Vorwurf, Gott zeige sich, insbesondere im Alten Testament, als launisch, wechselhaft und somit eines wahren Gottes unwürdig, ist seit Marcion (ca. 100-165) ein beliebter Topos innerhalb häretischer Gruppierungen.[59] Umso bemerkenswerter ist die kategorische Replik des Bischofs von Mailand: «Sollen wir die göttlichen Weisungen verwerfen und stattdessen den Meinungen dieser Leute zu folgen? Gott ist doch nicht nach fremden Behauptungen, sondern nach seinen eigenen Worten zu begreifen.» (I.5,21) Im Anschluss kann er als Beleg auf den Propheten Hosea verweisen, durch dessen Mund Gott sprach: «Mein Herz wandte sich um, meine Reue übermannte mich, ich werde meinen glühenden Zorn nicht ausführen.» (Hos. 11,8-9)

Über die eigentliche Bußpraxis erfahren wir im Werk des Bischofs von Mailand nicht sonderlich viel, was wohl

[58] Bei den anderen Gegnern des Novatianismus ist dieser Vorwurf nicht belegt.

[59] Vgl. Sebastian Moll, *The Arch-Heretic Marcion,* Tübingen 2010, 63.

daran liegt, dass «ein großer Spielraum in der konkreten Ausgestaltung der Buße gegeben war»[60], die Bußwerke wie auch die Bußzeit also von Büßer zu Büßer recht unterschiedlich ausfallen konnten. Nur an einer einzigen Stelle kommt Ambrosius auf das Verhalten während der Bußzeit, deren Länge allerdings nicht definiert wird, zu sprechen:

> Glaubt etwa jemand, da sei Buße, wo man nach gesellschaftlicher Stellung giert, wo der Wein fließt, wo sogar ehelicher Umgang gepflegt wird? Der Welt muss man entsagen, selbst dem Schlaf soll man weniger nachgeben, als es die Natur fordert, er ist durch Seufzen zu behindern, durch Stöhnen zu unterbrechen, durch Gebete zu entziehen. Wir müssen so leben, dass wir der weltlichen Lebenspraxis absterben. (II,10,96)

Darüber hinaus spielen die Tränen des Büßers eine herausragende Rolle für Ambrosius. Insgesamt 27-mal findet sich der Begriff *lacrima* in dem vorliegenden Werk, *flere* gar 30-mal. Auch an anderer Stelle betont der Bischof von Mailand den Wert der Tränen, so zum Beispiel bei seiner Auslegung der Geschichte von der Sünderin, die Jesu Füße mit ihren Tränen benetzte: «Selige Tränen, die nicht nur unsere Sünde abzuwaschen, sondern auch den Fuß des himmlischen Wortes zu benetzen vermögen, so dass sich seine Schritte in uns in ihrer ganzen Fülle zeigen! Selige Tränen, in denen nicht nur die Erlösung der Sünder, sondern auch die Erquickung des Gerechten liegt!»[61] Marco Gianola schreibt

[60] Rahner, *Paenitentia*, 203.
[61] Exp. Luc. VI,18 (eigene Übersetzung).

daher zurecht, dass die Tränen für Ambrosisus «il vero segno della penitenza»[62] darstellen.

Zum Abschluss sei noch auf ein Thema hingewiesen, das immer wieder im Kontext der Bußtheologie des Ambrosius diskutiert wird: Die Frage der einmaligen Buße. Damit ist nicht die Debatte um die *paenitentia secunda* gemeint (s.o.) Selbstverständlich bejaht Ambrosius die Möglichkeit der Buße nach der Taufe. Aber hat er nur eine einmalige Buße nach der Taufe erlaubt? Die Antwort scheint zunächst recht einfach, erklärt Ambrosius doch unmissverständlich: «Es finden sich Leute, die meinen, es könne mehrmals Buße getan werden. Sie treiben ihren Mutwillen mit Christus. Denn wenn sie ernsthaft Buße täten, würden sie nicht meinen, diese sei später noch einmal zu wiederholen. Wie es die eine Taufe gibt, so gibt es auch die eine Buße (II.10,95).»[63] Allerdings folgt im unmittelbaren Anschluss eine Erläuterung. «So gibt es auch die eine Buße, jedenfalls nur die eine öffentliche. Denn täglich müssen wir für unsere Sünden Buße tun, aber das betrifft die leichteren Vergehen, die öffentliche Buße ist für die schwereren.»

Giovanni Odoardi sah in dieser Formulierung einen klaren Beleg dafür, dass Ambrosius neben der einmaligen öffentlichen Buße noch eine wiederholbare sakramentale Privatbuße zugelassen habe.[64] Diese These

[62] Marco Gianola, *Non come giudice ma come vescovo. Lo Spirito nell'umanità di sant'Ambrogio,* Mailand 2018, 47.

[63] Thomas von Aquin verwendet dieses Zitat als Einwand gegen die wiederholbare Buße (ST III q 84 a10 obj 2).

[64] Vgl. Giovanni Odoardi, *La Dottrina della Penitenza in S. Ambrogio,* Rom 1941, 90-94.

entbehrt allerdings jedweder textlichen Grundlage, wie insbesondere Joseph Romer schlüssig nachgewiesen hat.[65] Dass sie immer wieder in der Diskussion auftaucht,[66] hat also weniger exegetische denn psychologische Gründe. Auch Odoardi selbst liefert letztlich als Hauptargument, dass es schwer zu verstehen sei, falls Ambrosius eine solche mehrfache Privatbuße abgelehnt haben sollte, da er sonst einfach nur einem einmaligen Heilmittel (Taufe) ein weiteres einmaliges hinzufügen würde.[67] In der Tat mag dies für den modernen Leser schwer zu begreifen sein. Das gesamte Werk des Mailänder Bischofs ist durchzogen vom Kampf gegen die Hartherzigkeit der Novatianer, denen Ambrosius die unbegrenzte Liebe und Gnade Christi gegenüberstellt. Und derselbe Ambrosius soll nun einem Wiederholungstäter die Kirchentür vor der Nase zuschlagen, wenn dieser um eine erneute Bußmöglichkeit bittet? Würde er damit nicht genau das tun, was er seinen Gegnern vorwirft? So berechtigt derartige Fragen sein mögen, für das Verständnis des Ambrosius gilt das, was dieser über das Verständnis Gottes sagt (s.o.): Ambrosius ist nicht nach fremden Behauptungen, sondern nach seinen eigenen Worten zu begreifen. Folgen wir dieser Prämisse, so kann die Antwort auf besagte Fragen nur lauten: Ja, für Ambrosius gibt es nur die einmalige Möglichkeit zur (öffentlichen) Buße. Er liefert hierfür sogar eine – zumindest bildliche – Begründung:

[65] Vgl. Joseph Romer, *Die Theologie der Sünde und der Busse beim hl. Ambrosius,* St. Gallen 1968, 112-119.

[66] Jüngst bei Dassmann, *Ambrosius,* 270-271.

[67] Odoardi, *Dottrina,* 93.

> Die Buße ist also etwas Gutes, denn wenn es sie nicht gäbe, würden wohl alle die Gnade der Taufe bis ins hohe Alter aufschieben. Solchen Leuten sei erwidert, dass es besser ist, etwas zu haben, was man flicken kann, als gar nichts zu haben, womit man sich bekleiden kann. Aber so, wie das einmal Zugeflickte wieder ganz wird, so fällt das mehrmals Zusammengenähte in sich zusammen. (II.11,98)

Dennoch muss man Ambrosius diese Haltung nicht notwendigerweise als Hartherzigkeit auslegen. Anders als etwa sein Schüler Augustinus glaubt er fest daran, dass der Mensch nach Berichtigung seiner früheren Verirrung in einen Zustand gelangen kann, der es ihm ermöglicht, die Sünde zu meiden.[68] Für Ambrosius ist die Buße kein formaler Akt, sondern eine lebensverändernde Erfahrung. Aus der *Metanoia* wird eine regelrechte *Metamorphose*. Somit ist eine Wiederholung der Buße undenkbar, aber nicht, weil sie dogmatisch ausgeschlossen gehört, sondern, weil sie menschlich gar nicht in Frage kommt.[69] Als Beispiel für diesen fundamentalen Wandel führt Ambrosius die Geschichte eines jungen Mannes an, der sich nach einer unsittlichen Liebschaft in die Ferne aufmachte und erst zurückkehrte, nachdem das Feuer dieser Liebe in ihm erloschen war. Als er dann seine ehemalige Geliebte wieder traf, beachtete er sie nicht mehr, woraufhin sie zu ihm lief und sagte: «Ich bin's!» Doch er antwortete: «Aber ich bin's nicht mehr.» (II.10,96)

[68] Vgl. Josef Schmitz, *Gottesdienst im altchristlichen Mailand,* Köln-Bonn 1975, 33.

[69] Vergleiche hierzu den Gedankengang im Brief an die Hebräer (s.o.).

«Das Bußsakrament befindet sich in einer Krise»[70], konstatierte Papst Johannes Paul II. im Anschluss an die im Jahre 1984 eigens zu diesem Thema einberufene Synode *Reconciliatio et Paenitentia.* 13 Jahre später bekannte auch der damalige Vorsitzende der Deutschen Bischofskonferenz, Bischof Karl Lehmann, es sei «nicht zu übersehen, dass die Bußpastoral heute in eine tiefe Krise geraten ist.»[71] Abermals 26 Jahre später hat sich die Situation nicht wesentlich verändert.

Papst Pius XII. hatte seinerzeit erklärt, dass «die Sünde des Jahrhunderts der Verlust des Bewusstseins von Sünde ist.»[72] Wenn diese Diagnose zutreffend sein sollte, so ist die Krise des Bußwesens nur die logische Folge daraus, denn wem das Bewusstsein der eigenen Sündhaftigkeit fehlt, dem wird freilich auch der Sinn der Buße nicht einleuchten. Das hat bereits der Heilige Ambrosius erkannt:

> Aber das ist ein Zeichen gesunden Geistes, die Verwundung durch die Sünde zu fühlen. Denn diejenigen, die keinen Schmerz empfinden, fühlen nicht die Bitterkeit der Verwundung. Und das ist ein Merkmal unheilbarer Krankheit [...] Wer aber seine Abirrung erkennt, der jedenfalls kommt wieder zur Vernunft, der weist die Heilmittel für die Gesundheit nicht zurück.[73]

[70] Johannes Paul II., *Reconciliatio et Paenitentia,* 28.

[71] Karl Lehmann, *Umkehr und Versöhnung im Leben der Kirche. Orientierungen zur Bußpastoral,* Bonn 1997, Vorwort.

[72] Vgl. Johannes Paul II., *Reconciliatio et Paenitentia,* 18.

[73] Apol. Dav. IX,47.

Wenn also Johannes Paul II. in dem eingangs erwähnten Schreiben formuliert: «Das echte Sündenbewusstsein wieder neu zu formen, das ist die erste Weise, um die schwere geistige Krise, die den Menschen unserer Zeit bedrückt, anzugehen»[74], so würde ihm der Bischof von Mailand vollen Herzens zustimmen. Für Ambrosius ist die Erkenntnis der eigenen Sündhaftigkeit sogar der entscheidende Schritt zur Selbsterkenntnis, gleichsam das γνῶθι σαυτόν (Erkenne dich selbst!) der christlichen Anthropologie,[75] wie er es an anderer Stelle in Bezug auf die sündenvergebende Macht der Taufe ausdrückt: «Wer zur Taufe Christi seine Zuflucht nimmt, erkennt sich selbst als Mensch.»[76]

Doch auch unter denen, die das Phänomen der Sünde anerkennen, wird die Form der Buße, wie sie in der katholischen Kirche praktiziert wird, mitunter für unnötig gehalten. Da wären zum einen die Anhänger der sogenannten Hyper-Grace-Bewegung, die sich vor allem in den USA immer größerer Beliebtheit erfreut. Ihre fundamentale These lautet: Hat man einmal zu Christus gefunden, so sind alle Sünden ein für alle Mal vergeben, die vergangenen wie die zukünftigen. Daraus ergibt sich, dass eine Buße für Christen vollkommen unnötig ist.

Neben diesem überaus exzentrischen und eindeutig häretischen Ansatz gibt es aber auch die Position der

[74] Johannes Paul II., *Reconciliatio et Paenitentia,* 18.

[75] Vgl. Wenrich Slenczka, *Heilsgeschichte und Liturgie: Studien zum Verhältnis von Heilsgeschichte und Heilsteilhabe anhand liturgischer und katechetischer Quellen des dritten und vierten Jahrhunderts,* Berlin 2000, 146.

[76] De sacr. 3,14 (eigene Übersetzung).

evangelischen Kirche, die bekanntlich die Rechtfertigungslehre, also die Frage nach der Sünde und ihrer Vergebung, zum Hauptartikel ihrer gesamten Lehre erhoben hat. Was die Protestanten jedoch bestreiten, ist die Vollmacht der kirchlichen Amtsträger, da allein Gott selbst Sünden vergeben könne, eine Position, die sie merkwürdigerweise mit den Novatianern gemein haben. Die jeweilige Motivation ist freilich genau entgegengesetzt. Während die Reformatoren der Auflassung waren, die Kirche schränke die Hoffnung auf Vergebung durch ihre Vollmacht zu stark ein, vertraten die Novatianer die Meinung, die Kirche würde Vergebung zu bereitwillig gewähren (s.o.).

Letzterer Vorwurf ist heutzutage kaum noch zu vernehmen, höchstens im Umgang mit Missbrauchsfällen innerhalb der Kirche, wobei es hierbei eher um den Vorwurf der Vertuschung geht. Die Vorstellung hingegen, die Kirche als Institution nicht zu benötigen und stattdessen lieber auf das persönliche Gottesverhältnis zu bauen, ist überaus verbreitet. Kann Ambrosius uns bei dieser Frage eine Hilfe sein?

Zunächst sei hier das realistische Kirchenbild des Bischofs hervorgehoben. Ambrosius sieht die Kirche nicht als eine moralische Elite, nicht als eine «Kirche der Reinen» wie die Novatianer, sondern als eine Kirche der Sünder. An Christus gewandt spricht er:

> Deine Familie sagt nicht: «Wir sind gesund, wir brauchen keinen Arzt», sondern: «Heile mich, Herr, so bin ich geheilt, rette mich, so bin ich gerettet.»[77] Die Gestalt deiner

[77] Jer. 17,14.

> Kirche ist jene Frau, die sich dir von hinten näherte und den Saum deines Gewandes berührte, da sie sich sagte: «Wenn ich sein Gewand berühre, so werde ich gerettet.»[78] Sie ist also eine Kirche, die ihre Wunden bekennt und sich nach Heilung sehnt. (I.7,31)

Diese Sichtweise ist gewissermaßen die Grundvoraussetzung für eine erfolgreiche Bußpastoral, denn «wie soll sich dir jemand zur Behandlung anvertrauen, dem du Abneigung entgegenbringst, der glaubt, dass er bei seinem Arzt nicht Mitleid, sondern Verachtung auslösen wird?» (I.1,2) Nur derjenige, der sich als Sünder unter Sündern fühlt, wird sich bereitfinden, seine Sünden gegenüber der Kirche zu bekennen.

Im Zusammenhang mit der Kirche erinnert uns der Bischof von Mailand überdies an ein Element der Bußpastoral, das heute beinahe völlig in Vergessenheit geraten zu sein scheint: Die Fürbitte der Gemeinde. «Lass die Mutter Kirche für dich weinen und deine Schuld mit Tränen abwaschen!» (II.10,92), ruft er den Bußwilligen zu. Dies mag für unsere stark individualistisch geprägte Gesellschaft, in der man Dinge lieber mit sich selbst oder direkt mit Gott ausmacht, befremdlich wirken. Doch liegt vielleicht gerade hier ein Weg heraus aus der Entfremdung zwischen den Menschen und ihrer Kirche. Der Beistand der Gemeinschaft, das Gefühl, mit seiner Schuld nicht nur nicht allein zu sein, sondern andere zu haben, die diese Schuld gemeinsam mit mir tragen wollen, kann eine große Stütze sein – und genau als solche sollte die Kirche fungieren.

[78] Mt. 9,20-21.

Editorische Notiz

Die Übersetzung folgt der Edition von Otto Faller, *Santi Ambrosii Opera. Pars VII,* CSEL 73, Wien 1955, 117-206.

Zitate aus dem Alten Testament folgen der Zählung der Septuaginta.

ÜBER DIE BUSSE

BUCH I

I,1. Wenn das höchste Ziel der Tugenden darin besteht, möglichst viele Menschen zur Besserung zu führen, so ist die Mäßigung geradezu die schönste aller Tugenden. Denn selbst jene, die von ihr verurteilt werden, verletzt sie nicht, sondern lässt sie üblicherweise der Lossprechung würdig werden. Darüber hinaus hat sie allein die Verbreitung der Kirche bewirkt, die der Herr durch sein Blut gestiftet hat. Sie ist das Abbild der himmlischen Gnade und der Erlösung aller, wahrt dabei aber einen gesunden Rahmen, den die Ohren der Menschen ertragen können und vor dem ihre Geister nicht fliehen, ihre Seelen nicht erzittern müssen.

2. Wer darauf bedacht ist, die Laster der menschlichen Schwäche zu bessern, muss eben diese Schwäche selbst tragen, sie gewissermaßen auf seine Schultern legen, nicht aber verwerfen. Wir lesen nämlich, dass jener Hirte im Evangelium das erschöpfte Schaf nicht verworfen, sondern getragen hat, und Salomo sagt: «Sei nicht übertrieben gerecht!» (Eccl. 7,17)[1] Die Mäßigung muss

[1] Sowohl im hebräischen als auch im griechischen Text steht die genau entgegengesetzte Botschaft. In der Vulgata hingegen findet sich eine ähnliche Fassung: «Noli esse iustus multum.»

die Gerechtigkeit zügeln; denn wie soll sich dir jemand zur Behandlung anvertrauen, dem du Abneigung entgegenbringst, der glaubt, dass er bei seinem Arzt nicht Mitleid, sondern Verachtung auslösen wird?

3. Deshalb hatte der Herr Jesus Mitleid mit uns, so dass er uns zu sich rufen konnte, statt uns abzuschrecken. In Sanftmut kam er, er kam in Demut; und sprach: «Kommt alle zu mir, die ihr mühselig seid, ich will euch erquicken.» (Mt. 11,28) Der Herr Jesus erquickt also, er schließt nicht aus oder verwirft, und aus gutem Grund hat er solche Jünger erwählt, die, im richtigen Verständnis seines Willens, das Volk Gottes sammeln, statt abzuweisen. Daraus wird ersichtlich, dass solche nicht als Jünger Christi gelten können, die meinen, dem Weg der Härte statt der Sanftmut folgen zu müssen, dem Weg des Hochmuts statt der Demut, solche, die, während sie selbst das Erbarmen des Herrn erflehen, es anderen verweigern, so wie es die Lehrer der Novatianer tun, die sich selbst ‹die Reinen› nennen.

Der Hochmut der Novatianer

4. Was könnte hochmütiger sein als die Haltung dieser Leute, da doch die Schrift sagt: ‹Niemand ist rein von Sünde, nicht einmal ein eintägiges Kind› (Hiob 14,4-5)? Und David ruft aus: «Von meiner Sünde reinige mich!» (Ps. 50,4) Sind jene etwa heiliger als David, aus dessen Geschlecht es Christus für würdig hielt geboren zu werden im Geheimnis der Menschwerdung, dessen Nachkommenschaft zur himmlischen Wohnung wurde, jener jungfräuliche Mutterleib, der den Erlöser der Welt emp-

fing? Was aber könnte härter sein, als eine Buße aufzuerlegen, die nicht wieder aufgehoben wird, wo man doch durch die Verweigerung von Vergebung jeden Anreiz zur Buße aufhebt? Denn niemand kann anständig Buße tun, wenn er nicht auf Gnade hoffen darf.

II,5. Aber sie lehnen es ab, dass jene, die durch Abschwören gefallen sind, wieder in die Gemeinschaft aufgenommen werden. Wenn sie nur für dieses eine Verbrechen der Gotteslästerung eine Ausnahme machen und hierfür die Vergebung verweigern würden, so wäre dies gewiss hart und schiene allein schon durch die göttlichen Aussagen widerlegt, wäre aber zumindest in Übereinstimmung mit ihren eigenen Behauptungen. Der Herr, der alle Sünden vergeben hat, hat bei keinem Verbrechen eine Ausnahme gemacht. Aber sie meinen, gewissermaßen nach Art der Stoiker, dass alle Sünden als gleichwertig einzuschätzen seien, und behaupten, dass derjenige, der einen Haushahn, wie sie sagen, erwürgt,[2] ebenso für immer von den himmlischen Mysterien ausgeschlossen gehört wie derjenige, der seinen Vater erwürgt. Wie können sie uns jene vorhalten, die eines einzigen Verbrechens schuldig sind, wo sie doch selbst nicht leugnen können, dass es in hohem Maße unangemessen wäre, wenn sich die Strafe einiger Weniger auf eine große Menge ausdehnen würde?

6. Sie sagen aber, dass sie dem Herrn Ehrfurcht entgegenbringen, dem allein sie die Macht vorbehalten, Verbrechen zu vergeben. Allerdings kann niemand grö-

[2] Siehe Einleitung (II,2)!

ßeres Unrecht tun als jene, die Gottes Gebote aufheben und das ihnen anvertraute Amt zurückweisen wollen. Da doch der Herr Jesus selbst im Evangelium gesagt hat: ‹Empfangt den Heiligen Geist! Wem ihr die Sünden erlasst, dem sind sie erlassen, denen ihr sie behaltet, sind sie behalten› (Joh. 20,22-23)[3]. Wer zeigt mehr Ehrerbietung: Der, der sich nach den Geboten richtet, oder der, der sich ihnen widersetzt?

7. Die Kirche übt Gehorsam nach beiden Seiten, sowohl wenn sie die Sünde bindet als auch wenn sie sie löst. Die Häresie, unsanft in jenem, ungehorsam im anderen, will binden, was sie nicht wieder lösen möchte, und will nicht lösen, was sie gebunden hat.[4] Auf diese Weise richtet sie sich selbst. Der Herr wollte nämlich, dass das Recht zu lösen und das Recht zu binden gemeinsam bestehen, weshalb er beide unter Bedingung der Gemeinsamkeit zugestanden hat. Wer also das Recht zu lösen nicht hat, der hat auch nicht das Recht zu binden. Wenn nun gemäß der Aussage des Herrn derjenige, der das Recht zu binden hat, auch das Recht zu lösen hat, so erdrosselt sich die Behauptung der Häretiker eigenhändig: Da sie sich das Recht zu lösen absprechen, müssen sie sich auch das Recht zu binden versagen. Denn wie könnte ihnen das eine gestattet sein, das andere aber nicht? Wem beides gegeben ist, der kann entweder bei-

[3] Warum Ambrosius hier sowohl entgegen dem Originalzitat als auch entgegen seiner sonstigen Wiedergabe der Stelle den Singular (cui/ei) verwendet, ist unklar.

[4] Hier scheint Ambrosius auf die Praxis der Novatianer anzuspielen, Buße zu verhängen, ohne die Möglichkeit der Vergebung zu gewähren, vgl. Vogt, *Coetus,* 156-159.

des tun oder muss beides lassen – so viel ist klar. Der Kirche aber ist beides gestattet, der Häresie keins von beiden; denn dieses Recht ist allein den Priestern verliehen. Mit Recht also nimmt die Kirche dies für sich in Anspruch, da sie wahre Priester hat. Die Häresie, die keine Priester Gottes hat, kann es nicht beanspruchen. Indem sie es aber nicht beansprucht, bekennt sie von sich selbst, dass sie, da sie keine Priester hat, auch kein priesterliches Recht für sich in Anspruch nehmen kann. So erkennen wir in ihrem unverschämten Eigensinn ein verschämtes Geständnis.

8. Bedenke auch dies: Wer den Heiligen Geist empfängt, empfängt die Macht, Sünde zu lösen und zu binden. Denn so steht es geschrieben: ‹Empfangt den Heiligen Geist; denen ihr die Sünden erlasst, denen sind die erlassen, denen ihr sie behaltet, sind sie behalten.› Wer also Sünde nicht lösen kann, der hat auch den Heiligen Geist nicht. Denn das Amt des Priesters ist eine Gabe des Heiligen Geistes, und es ist das Recht des Heiligen Geistes, Verbrechen zu lösen und zu binden. Wie können sie also die Gabe des Heiligen Geistes für sich beanspruchen, wenn sie dessen Recht und Macht misstrauen?

9. Kann man sich anmaßendere Menschen vorstellen? Obwohl der Geist Gottes stärker zur Barmherzigkeit als zur Strenge neigt, wollen sie nicht das, was der Geist nach eigener Aussage will, sondern tun das, was er nicht will; denn zu strafen ist dem Richter angemessen, zu erlassen dem Barmherzigen. Es wäre somit erträglicher, Novatian, du würdest erlassen statt binden, würdest dich zum einen in die Rolle des Täters versetzen

und zum anderen ihm aus Mitleid mit seiner Not vergeben.[5]

III,10. Sie sagen aber, dass sie nur schwerwiegende Verbrechen ausschließen, bei leichteren jedoch Gnade walten lassen. In diesem Fall kommt Novatian allerdings nicht als Urheber eures Irrwegs in Betracht, der meinte, dass niemandem die Möglichkeit der Buße gewährt werden sollte.[6] Er war nämlich der Auffassung, dass er nicht binden dürfe, was er nicht lösen könne, und wollte vermeiden, dass sich jemand aufgrund des Bindens von ihm auch das Lösen erhoffe. Somit sprecht ihr selbst das Verdammungsurteil über euren Vater, die ihr eine Unterscheidung trefft zwischen jenen Sünden, die ihr meint lösen zu können, und jenen, für die es eurer Ansicht nach kein Heilmittel gibt. Gott aber hat diese Unterscheidung nicht getroffen, er, der sein Erbarmen allen verheißen und seinen Priestern die Erlaubnis zugestanden hat, alle Sünden ohne jede Ausnahme zu erlassen. Wer aber Schuld angehäuft hat, der muss auch Buße anhäufen; denn größere Verbrechen werden durch größere Tränen abgewaschen. So ist weder Novatian beizupflichten, der allen die Gnade verschließt, noch euch, seinen Schülern, die ihr seine Nachahmer und Verurteiler zugleich seid, denn ihr mindert den Eifer

[5] In der von Faller dargebotenen Form lässt sich der Sinn dieses Satzes nicht erschließen. Der Vorschlag Grysons, ‹parcus› anstelle von ‹partem› zu lesen, löst zwar ein Problem, schafft aber zugleich ein neues, weil dann kein Objekt mehr für ‹usurpares› vorhanden ist. Einleuchtender scheint es, anstelle des Dativs ‹delinquenti› den Genitiv ‹delinquentis› zu vermuten, wodurch sich ein leicht zu verstehender Inhalt ergibt.

[6] Siehe Einleitung (I,4)!

für die Buße, wo er verstärkt werden müsste, da uns die Barmherzigkeit Christi lehrt, dass schwerwiegendere Sünden durch stärkere Stützen getragen werde müssen.

11. Was für eine Verkehrtheit ist das aber, dass ihr für euch die Dinge beansprucht, bei denen Vergebung möglich ist, und Gott – wie ihr selbst sagt – diejenigen vorbehaltet, bei denen dies unmöglich ist? Das bedeutet ja, für sich selbst die Angelegenheiten zur Begnadigung auszuwählen und Gott nur die Fälle zur Bestrafung übrigzulassen.[7] Und was ist dann damit: «Gott soll sich als wahrhaftig erweisen, jeder Mensch aber als Lügner, wie geschrieben steht: Damit du Recht behältst in deinen Worten und den Sieg davonträgst, wenn du richtest» (Röm. 3,4; Ps. 50,6)? Damit wir also erkennen mögen, dass der Gott der Barmherzigkeit eher an der Gnade denn an der Strenge festhält, sagt er selbst: «Barmherzigkeit will ich lieber als Opfergaben» (Hos. 6,6). Wie kann also euer Opfer Gott wohlgefällig sein, da ihr Barmherzigkeit ablehnt, obwohl er doch selbst sagt, dass er nicht den Tod des Sünders will, sondern dessen Besserung?[8]

12. Der Apostel erklärt uns das wie folgt: «Gott sandte seinen Sohn in der Ähnlichkeit des Fleisches der Sünde, und um der Sünde willen verurteilte er die Sünde im Fleische, damit die Gerechtigkeit des Gesetzes in uns erfüllt würde» (Röm. 8,3-4). Er sagt nicht «in der Ähn-

[7] In Wirklichkeit rechneten die Novatianer bei schweren Vergehen wohl mit einer potentiellen Vergebung bei Gott, siehe Einleitung (I,4)! Ob hier ein Missverständnis vorliegt, oder ob Ambrosius bewusst polemisiert, ist unklar.

[8] Vgl. Hes. 18,23; 33,11.

lichkeit des Fleisches», denn Christus hat die Wirklichkeit des menschlichen Fleisches angenommen, nicht die Ähnlichkeit; er spricht auch nicht von der «Ähnlichkeit der Sünde», denn Christus hat keine Sünde begangen, sondern ist für uns zur Sünde geworden. Nein, er kam «in der Ähnlichkeit des Fleisches der Sünde», das heißt, er nahm die Ähnlichkeit des sündigen Fleisches an. Die «Ähnlichkeit» deshalb, weil geschrieben steht: «Er ist ein Mensch, und wer erkennt ihn?» (Jer. 17,9). Er war Mensch im Fleische nach Menschenart, auf dass er erkannt würde, an Kraft aber geht er über das Menschliche hinaus und wird nicht erkannt. So hatte er also unser Fleisch, aber die Laster dieses Fleisches hatte er nicht.

13. Er wurde nämlich nicht wie alle anderen Menschen aus der Vereinigung von Mann und Frau gezeugt, sondern wurde geboren aus dem Heiligen Geist und der Jungfrau, wodurch er einen unbefleckten Leib empfing, den nicht nur kein einziges Laster je befleckt hat, sondern den auch die unwürdige Verbindung, weder bei der Zeugung noch bei der Empfängnis, nicht getrübt hat. Denn alle Menschen sind unter der Sünde geboren, ihr eigener Ursprung liegt im Laster, wie du es David sagen liest: «Siehe, in Ungerechtigkeit bin ich empfangen und in Sünde hat mich meine Mutter geboren» (Ps. 50,7). Deshalb war das Fleisch des Paulus ein Leib des Todes, wie er selbst sagt: «Wer wird mich befreien aus dem Leib dieses Todes?» (Röm 7,24).[9] Das Fleisch Christi aber hat die Sünde verurteilt, die er bei seiner Geburt nicht

[9] Die eigenartige Formulierung «aus dem Leib dieses Todes» anstatt «aus diesem Leib des Todes» findet sich auch in der Vulgata: «quis me liberabit de corpore mortis huius?»

spürte und durch seinen Tod gekreuzigt hat, so dass in unserem Fleisch Rechtfertigung durch Gnade entstand, wo zuvor nur Verschmutzung durch Sünde zu finden war.

14. Was anderes sollen wir dazu sagen, als was der Apostel gesagt hat: «Wenn Gott für uns ist, wer kann gegen uns sein? Er, der seinen eigenen Sohn nicht verschont, sondern für uns alle hingegeben hat, wie sollte er uns mit ihm nicht alles geschenkt haben? Wer wird die Erwählten Gottes anklagen? Gott ist es, der gerecht macht; wer sollte also verurteilen? Christus, der gestorben, ja sogar auferstanden ist, der zur Rechten Gottes sitzt und für uns eintritt?» (Röm. 8,31-34). Eben jene also, für die Christus eintritt, klagt Novatian an. Diejenigen, die Christus zum Heil erlöst hat, verurteilt Novatian zum Tode. Denjenigen, denen Christus gesagt hat: «Nehmt mein Joch auf euch und lernt von mir, denn ich bin gnädig» (Mt. 11,29), sagt Novatian: «Ich bin gnadenlos.» Denjenigen, denen Christus sagt: «Ihr werdet Ruhe finden für eure Seelen, denn mein Joch ist sanft und meine Last ist leicht» (Mt. 11,29-30), legt Novatian eine schwere Last und ein hartes Joch auf.

IV,15. Obwohl uns dies alles bereits hinreichend darüber unterrichtet, wie sehr der Herr Jesus zur Barmherzigkeit neigte, möge er es dich auch höchstselbst lehren; als er uns gegen den Sturm der Verfolgung rüsten wollte, sagte er: «Fürchtet euch nicht vor denen, die den Leib töten, die Seele aber nicht töten können, sondern fürchtet euch vielmehr vor dem, der Seele und Leib in die Hölle schicken kann!» (Mt. 10,28) Und weiter: «Jeder, der mich bekennt vor den Menschen, zu dem werde auch ich mich bekennen vor meinem Vater im Himmel. Wer mich aber verleugnet vor den Menschen, den werde auch ich verleugnen vor meinem Vater im Himmel» (Mt. 10,32-33).

16. Wo er bekennt, da bekennt er sich zu allen, er schließt alle mit ein; wo er verleugnet, da verleugnet er nicht alle. Da es zuerst heißt: «Jeder, der mich bekennt, zu dem werde auch ich mich bekennen», also ausnahmslos jeder, wäre es folgerichtig, wenn er anschließend auch sagen würde: «Jeder aber, der mich verleugnet.» Um aber dem Anschein zu wehren, als würde er alle verleugnen, fährt er folgendermaßen fort: «Wer mich aber verleugnet vor den Menschen, den werde auch ich verleugnen.» Die Gnade verheißt er allen, aber er droht nicht allen Strafe an. Was das Mitgefühl betrifft, so verstärkt er es, geht es um Rache, schwächt er ab.

17. Und dies steht nicht nur in dem Buch geschrieben, das als «Evangelium des Herrn Jesus nach Matthäus» bezeichnet wird, sondern es findet sich auch in jenem nach Lukas zu lesen, damit du erkennst, dass keiner der beiden es ohne Grund so überliefert hat.

18. Wir haben gesagt, was geschrieben steht, nun wollen wir den Sinn erfassen. Er sagt: ‹Jeder, der mich bekennt›, das heißt: Wer mich bekennt, wie auch immer sein Leben oder seine Umstände sein mögen, der wird durch mich Erwiderung seines Bekenntnisses erfahren. Da es heißt ‹jeder›, wird keiner, der bekennt, von der Erwiderung ausgeschlossen. Nicht aber wird in gleicher Weise jeder, der verleugnet, verleugnet werden; denn es kann geschehen, dass jemand, überwältig von Qualen, mit dem Munde verleugnet und im Herzen anbetet.

19. Ist die Sachlage denn bei dem, der aus eigenem Antrieb verleugnet, dieselbe wie bei dem, den nicht der Wille, sondern die Folter zum Frevel geführt hat? Wie unwürdig wäre es zu behaupten, bei den Menschen gelte die Gnade im Kampf etwas, bei Gott jedoch nicht! Denn beim weltlichen Wettkampf der Athleten pflegt das Publikum gemeinsam mit den Siegern auch die Besiegten zu krönen, sofern ihr Kampfgeist Wertschätzung fand, insbesondere dann, wenn das Publikum sieht, dass diese nicht durch eigenes Verschulden, sondern durch List oder Betrug um den Sieg gebracht wurden. Sollte Christus also zulassen, dass seine Athleten, die er unter furchtbaren Qualen für einen kurzen Moment nachgeben sah, ohne Gnade bleiben?

20. Sollte er die Mühe etwa nicht anrechnen, er, der selbst jene, die er verstößt, nicht auf ewig verstößt? Sagt doch David: «Gott verstößt nicht auf ewig» (Ps. 76,8)[10]; und werden wir anstatt auf ihn auf die Häresie hören, die sagt: «Er verstößt auf ewig?» David sagt: «Am Ende wird Gott seine Barmherzigkeit nicht abziehen von Geschlechte zu Geschlechte, noch wird er vergessen sich zu erbarmen» (Ps. 76,9-10)[11]. So ruft es der Prophet, und doch gibt es Menschen, die dem göttlichen Mitleid eine gewisse Vergesslichkeit unterstellen wollen?

V,21. Sie sagen aber, dass sie diese Dinge nur deshalb geltend machen, um Gott nicht als wandelbar erscheinen zu lassen, was der Fall wäre, wenn er denen verzeihen würde, denen er zuvor gezürnt hat. Was also? Sollen

[10] Im Original als Frage formuliert.
[11] Ebenfalls im Original als Frage formuliert.

wir die göttlichen Weisungen verwerfen und stattdessen den Meinungen dieser Leute folgen? Gott ist doch nicht nach fremden Behauptungen, sondern nach seinen eigenen Worten zu begreifen. Was könnten wir leichter als Zeugnis seiner Barmherzigkeit vorbringen, als dass er höchstselbst durch den Propheten Hosea denjenigen, denen er im Zorn gedroht hat, sogleich wieder im Geist der Versöhnung vergibt? Er sagt nämlich: «Was soll ich mit dir machen, Ephraim, oder was soll ich mit dir machen, Juda?» (Hos. 6,4). Und später: «Wie werde ich dich herrichten? Wie Adma und Zebojim werde ich dich aussehen lassen» (Hos. 11,8). Mitten in seiner Erregung hält er, gleichsam mit väterlichem Wohlwollen, inne und erwägt, wie er den Irrenden zur Bestrafung führen könne. Obwohl der Jude es verdient hat, geht Gott noch einmal mit sich selbst zu Rate. Und sogleich, nachdem er gesagt hat: «Ich werde dich Adma und Zebojim gleichmachen» – zwei Städte aus der Nachbarschaft Sodoms, die dessen Schicksal teilten und in die gleiche Zerstörung gerissen wurden –, sagt er: «Mein Herz wandte sich um, meine Reue übermannte mich, ich werde meinen glühenden Zorn nicht ausführen» (Hos. 11,8-9).

22. Ist es nicht offensichtlich, dass sich der Herr Jesus nur deshalb über uns Sünder empört, damit er uns durch die Angst vor seiner Empörung zur Umkehr führen kann? Seine Empörung ist also nicht die Vollstreckung von Rache, sondern vielmehr das Vollziehen von Vergebung. So nämlich hat er gesprochen: «Wenn du umkehrst und seufzt, wirst du gerettet» (Jes. 30,15). Er hofft also auf unser Seufzen, aber nur auf das vorübergehende, damit er uns das ewige ersparen kann; er hofft

auf unsere Tränenströme, damit er seine Gnade verströmen kann. So hat er im Evangelium aus Mitgefühl mit den Tränen der verwitweten Mutter ihren Sohn wiedererweckt.[12] Er hofft auf unsere Umkehr, damit er sich selbst wieder der Gnade zuwende, die in uns Bestand haben würde, hätte sich kein Sündenfall bei uns eingeschlichen. Seine Empörung über die Beleidigung durch unsere Sünden dient unserer Erniedrigung. Wir werden erniedrigt, damit uns eher Mitgefühl gebührt als Strafe.

23. Das Wort Jeremias wird dich gewiss belehren: «Der Herr verwirft nicht auf ewig, denn nachdem er erniedrigt hat, wird er sich wieder erbarmen nach der Fülle seiner Barmherzigkeit. Er erniedrigt nicht von ganzem Herzen und verwirft die Menschenkinder nicht» (Lam. 3,31-33). So lesen wir es klar und deutlich in den Klageliedern Jeremias, und aus diesen Worten und auch aus denen, die noch folgen, erkennen wir, dass er nur deshalb «alle Gefangenen des Landes unter seine Füße» (Lam. 3,34) erniedrigt, damit wir seinem Urteil entgehen. Aber er erniedrigt den Sünder nicht von ganzem Herzen bis auf den Erdboden, denn «von der Erde richtet er den Hilflosen auf und aus dem Dung erhebt er den Armen» (Ps. 112,7); denn wer sich die Gnade vorbehält, erniedrigt nicht von ganzem Herzen.

24. Wenn er nun den Sünder nicht von ganzem Herzen erniedrigt, wie viel weniger wird er denjenigen von ganzem Herzen erniedrigen, der nicht von ganzem Herzen gesündigt hat. Denn wie er über die Juden sagte: «Dieses Volk ehrt mich mit seinen Lippen, doch ihr

[12] Vgl. Lk. 7,11-17.

Herz ist fern von mir» (Mt. 15,8), so wird er vielleicht über manche Gefallene sagen: ‹Diese haben mich mit ihren Lippen verleugnet, doch in ihrem Herzen sind sie bei mir.› Es war die Qual, die sie besiegt hat, sie wurden nicht durch Treulosigkeit pervertiert. Aber einige verweigern ohne Grund jenen die Vergebung, deren Glauben der Verfolger bestens bezeugt hat, indem er ihn durch Folter zu bezwingen suchte. Sie haben ihn einmal verleugnet, aber bekennen ihn täglich. Sie haben mit Worten verleugnet, aber sie bekennen ihn mit ihrem Seufzen, sie bekennen ihn mit ihren Wehklagen, sie bekennen ihn mit ihren Tränen, sie bekennen ihn mit freier, nicht mit erzwungener Stimme. Sie sind zwar zeitweise der Versuchung des Teufels erlegen, aber der Teufel hat sodann auch wieder von ihnen abgelassen, da er sie nicht vereinnahmen konnte. Er ist vor ihren Tränen gewichen, gewichen vor ihrer Buße. Er überfiel sie als Fremde, er verlor sie als die Seinen.

25. Ist es nicht genau so, als würde jemand die Bewohner einer besiegten Stadt als Gefangene abführen? Er wird als Gefangener abgeführt, aber gegen seinen Willen. Er tritt den Marsch in fremde Länder an, doch nur aus Notwendigkeit, in seinem Inneren wandert er nicht aus, er trägt sein Vaterland im Herzen mit sich und sucht nach einer Möglichkeit zur Rückkehr. Was also? Wenn nun so jemand zurückkehrt, vertritt dann etwas irgendwer die Überzeugung, man solle ihn nicht wieder aufnehmen? Mit verminderter Ehre kehrt er zurück, gewiss, dafür aber mit überschäumendem Eifer, dem Widersacher nichts in die Hände zu spielen, womit er ihn packen könnte. Wenn du dem Bewaffneten ver-

zeihst, der sich zur Wehr setzen konnte, willst du dann nicht auch dem verzeihen, bei dem nur der Glaube sich einen Kampf lieferte?

26. Wenn wir nun die Meinung des Teufels selbst über die derart Gefallenen erfragen wollten, würde er nicht in etwa sagen: «Dieses Volk ehrt mich mit seinen Lippen, doch ihr Herz ist fern von mir. Wie kann es mit mir sein, wenn es sich nicht von Christus lossagt? Sie scheinen mich ohne Grund anzubeten, da sie doch die Lehre Christi wahren; ich aber dachte, sie würden meine lehren. Sie verurteilen meine Lehre umso mehr, wenn sie sich wieder von ihr abwenden, nachdem sie sie kennengelernt haben. Gewiss wird Jesus in ihnen umso mehr verherrlicht, wenn er sie bei ihrer Rückkehr wieder aufnimmt. Alle Engel jubeln, denn ‹es ist mehr Freude im Himmel über einen Sünder, der Buße tut, als über 99 Gerechte, die der Buße nicht bedürfen› (Luk. 15,7). Über mich wird im Himmel wie auf Erden triumphiert. Nichts geht Christus verloren, wenn jene, die weinend zu mir kamen, in Sehnsucht zur Kirche zurückkehren. Und durch ihr Beispiel fürchte ich sogar um die Meinen, die nun erkannt haben, dass hier bei mir, wo die Menschen mit gegenwärtigen Belohnungen gelockt werden, nichts ist, und dort sehr viel, wo man Seufzen, Tränen und Fasten meinen Festmahlen vorzieht.»

VI,27. Diese also schließt ihr aus, Novatianer? Was ist dieses Ausschließen anderes als die Verweigerung der Gnade? Doch der Samariter ging nicht an dem Mann vorbei, der von den Räubern halbtot zurückgelassen wurde, sondern pflegte seine Wunden mit Öl und Wein, zuerst mit dem Öl, um den Schmerz zu lindern. Dann lud er den Verwundeten auf sein Lasttier, auf dem er dessen gesamte Sündenlast beförderte; auch der Hirte hat sein verirrtes Schaf nicht verschmäht.

28. Ihr aber sagt: «Rühr' mich nicht an!» (Joh. 20,17), ihr, die ihr euch selbst rechtfertigen wollt, sagt: «Das ist nicht unser Nächster», und zeigt euch damit noch hochmütiger als der Schriftgelehrte, der Christus versuchen wollte. Jener sagte nämlich: «Wer ist mein Nächster?» (Lk. 10,29) Jener fragte, ihr verneint. Wie der Priester und der Levit schreitet ihr dahin und geht vorüber an dem, den zur Heilung aufzunehmen ihr verpflichtet wäret. Und in die Herberge, für die Christus zwei Münzen[13] bezahlt hat, nehmt ihr den nicht auf, dem ihr – auf Weisung Christi – der Nächste werden sollt, damit ihr ihm leichter Barmherzigkeit erweisen könnt. Denn nicht der ist unser Nächster, der uns der Natur nach ähnlich ist, sondern der, an den uns die Barmherzigkeit bindet. Von diesem entfremdest du dich durch Hochmut, da du dich selbst erhöhst, «grundlos aufgeblasen in deiner fleischlichen Gesinnung, und dich nicht an das Haupt hältst» (Kol. 2,18–19). Würdest du dich nämlich an das Haupt halten, würdest du begreifen, dass du den nicht im Stich lassen darfst, für den Christus gestorben ist. Würdest du dich an das Haupt halten, würdest du begreifen, dass der ganze Leib stärker durch Verbindung

[13] Sowohl im griechischen Original als auch in der Vulgata und der Vetus Latina wird an dieser Stelle von Denaren gesprochen. In seinem Kommentar zum Lukasevangelium spricht Ambrosius an dieser Stelle sogar selbst von Denaren (Exp. Luc. VII, 79-80). Warum er hier hingegen von «aera» spricht, ist unklar. Denkbar ist, dass er die Münzen (*aera*) der Witwe (Lk. 21,2) im Kopf hat.

denn durch Abtrennung zur Ehre Gottes wächst, durch das Band der Liebe und die Erlösung des Sünders.

29. Wenn ihr also jede Frucht der Buße zunichtemacht, was sagt ihr anderes als: «Kein Verwundeter möge unsere Herberge betreten, niemand soll in unserer Kirche geheilt werden; bei uns werden keine Kranken gepflegt; wir sind gesund, wir brauchen keinen Arzt, denn er selbst sagt: ‹Die Gesunden bedürfen des Arztes nicht, sondern die Kranken› (Mt. 9,12).»

Die katholische Kirche als Beispiel

VII,30. So komme nun in Gänze zu deiner Kirche, Herr Jesus, da Novatian Entschuldigungen vorbringt. Novatian sagt: «Ich habe mehrere Joch Ochsen gekauft» (Lk. 14,19), nimmt aber das sanfte Joch Christi nicht auf und bindet eine schwere Last um seinen Hals, die er nicht tragen kann. Novatian hat deine Diener, von denen er eingeladen wurde, ergriffen, verhöhnt und getötet,[14] indem er sie mit der Schande einer erneuten Taufe befleckte.[15] Sende also bis an die Enden der Straßen und sammle Gute wie Böse, führe Schwache, Blinde und Lahme in deine Kirche. Befiehl, dass dein Haus gefüllt werde, führe alle zu deinem Mahl, denn du wirst den, den du rufst, auch würdig machen, wenn er dir folgt. Freilich wird jener zurückgewiesen, der kein Hochzeitsgewand trägt (vgl. Mt. 22,11), also keinen Mantel der Liebe, keinen Schleier der Gnade. Sende, sage ich, zu allen!

[14] Vgl. Mt. 22,7.
[15] Siehe Einleitung (II,2)!

31. Deine Kirche schlägt die Einladung zu Deinem Mahl nicht aus, wie es Novatian tut. Deine Familie sagt nicht: «Wir sind gesund, wir brauchen keinen Arzt», sondern: «Heile mich, Herr, so bin ich geheilt, rette mich, so bin ich gerettet» (Jer. 17,14). Die Gestalt deiner Kirche ist jene Frau, die sich dir von hinten näherte und den Saum deines Gewandes berührte, da sie sich sagte: «Wenn ich sein Gewand berühre, so werde ich gerettet» (Mt. 9,20-21). Sie ist also eine Kirche, die ihre Wunden bekennt und sich nach Heilung sehnt.

32. Und du, Herr, wünschest ja auch, alle zu heilen, aber nicht alle wollen sich heilen lassen. Novatian will es nicht, da er sich für gesund hält. Du, Herr, sagst, dass du selbst krank bist und in dem Geringsten unsere Schwäche spürst: «Auch ich war krank, und ihr habt mich besucht» (Mt. 25,36). Jenen Geringsten aber, in welchem du besucht zu werden wünschst, kann Novatian nicht besuchen. Als Petrus sich nicht von dir die Füße waschen lassen will, sagst du zu ihm: «Wenn ich dir die Füße nicht wasche, wirst du keinen Anteil an mir haben» (Joh. 13,8). Welche Teilhabe an dir können also jene haben, die die Schlüssel des Reiches nicht annehmen und somit ihre Pflicht, Sünden zu vergeben, leugnen?

33. Freilich bekennen sie dies aus gutem Grund über sich selbst; denn wer den Stuhl Petri, den sie durch gottlose Spaltung zerpflücken, nicht anerkennt, der hat auch keinen Anteil am Erbe Petri. Aber ebenso schamlos ist ihre Leugnung der Tatsache, dass in der Kirche Sünden vergeben werden können, wo doch zu Petrus gesagt ist: «Dir werde ich die Schlüssel des Himmelreichs geben,

und was du auf Erden binden wirst, das wird auch im Himmel gebunden sein, und was du auf Erden lösen wirst, das wir auch im Himmel gelöst sein» (Mt. 16,19), und wo doch sogar das «Gefäß der Erwählung» (Apg. 9,15) des Herrn sagt: «Wenn ihr jemandem etwas vergebt, dann auch ich; denn auch ich habe das, was ich vergeben habe, um euretwillen vergeben an Christi Statt» (II. Kor. 2,10). Warum also lesen sie Paulus, wenn sie der Meinung sind, er habe in so gottloser Weise geirrt, dass er das Recht seines Herrn für sich selbst beanspruchte? Aber er nahm in Anspruch, was er empfangen hatte, er maßte sich nichts Ungebührliches an.

VIII,34. Der Herr will, dass seine Jünger zum Höchsten fähig sind, er will, dass die Werke, die er getan hat, als er selbst auf Erden weilte, von seinen Dienern getan werden. Schließlich hat er gesagt: «Ihr werdet noch größere Werke vollbringen als diese» (Joh. 14,12). Er gab ihnen die Macht, Tote zu erwecken, und obwohl er selbst dem Saulus die Sehkraft hätte wiedergeben können, schickte er ihn dennoch zu seinem Jünger Hananias, so dass Saulus seine verlorenen Augen durch dessen Segnung wiedererhielte. Er befahl auch dem Petrus mit ihm auf dem Meer zu wandeln, und weil dieser unsicher war, tadelte er ihn sogleich, da er die Gnadengabe durch Kleingläubigkeit gemindert hatte. Er, der selbst das Licht der Welt war, gewährte durch seine Gnade auch seinen Jüngern, das Licht der Welt zu sein. Und da er beabsichtigte, vom Himmel herabzusteigen und wieder dorthin aufzufahren, erhob er Elia gen Himmel, um ihn zu einer Ihm gefälligen Zeit wieder zurückzusenden. Da er außerdem mit dem Heiligen Geist und mit Feuer zu taufen beabsichtigte, schickte er durch Johannes das Sakrament der Taufe voraus.

35. Letztlich hat er seinen Jüngern alles gegeben. Er sagt über sie: «In meinen Namen werden sie Dämonen austreiben, sie werden in neuen Sprachen reden, sie werden Schlangen aufheben, und wenn sie etwas Tödliches trinken, wird es ihnen nicht schaden; sie werden den Kranken die Hände auflegen, und diese werden genesen» (Mk. 16,17-18). Alles hat er ihnen also gegeben, doch es ist keine menschliche Macht, die in diesen Dingen wirkt, wo die Gnade der göttlichen Gabe lebendig ist.

36. Warum also legt ihr Hände auf und haltet es für einen Effekt der Segnung, wenn zufällig ein Kranker wieder gesund wird? Warum nehmt ihr an, dass man durch euch vom Unrat des Teufels gereinigt werden könne? Warum tauft ihr, wenn Sünden durch Menschen nicht vergeben werden können? In der Taufe liegt doch wohl der Nachlass aller Sünden. Was für einen Unterschied macht es denn, ob die Priester dieses ihnen verliehene Recht durch die Buße oder durch die Taufe wahrnehmen? Es ist ein und derselbe Dienst, hier wie dort.

37. Du aber entgegnest, dass bei der Taufe die Gnade der Mysterien am Werk ist. Und was passiert bei der Buße? Ist dort etwa nicht der Name Gottes am Werk? Was also? Wo es euch passt, nehmt ihr die Gnade Gottes für euch in Anspruch, und wo nicht, da weist ihr sie ab? Es ist aber ein Zeichen unverschämter Anmaßung, nicht heiliger Furcht, wenn euch jene zuwider sind, die Buße tun wollen. Ihr könnt offenbar die Tränen der Weinenden nicht verkraften, eure Augen ertragen die

Armseligkeit ihrer Kleidung nicht, den Schmutz derer, die in Sack und Asche gehen. Mit stolzem Auge und geschwollener Brust sagt ihr, meine zarten Kinderchen, jeder für sich mit entrüsteter Stimme: «Rühr' mich nicht an, denn ich bin rein!»

38. Der Herr hat in der Tat zu Maria Magdalena gesagt: «Rühr' mich nicht an!» (Joh. 20,17), aber er sagte nicht «denn ich bin rein», er, der doch rein war. Du, Novatian, wagst es, dich rein zu nennen, der du, selbst wenn du es nach deinen Werken wärst, dich doch schon durch dieses eine Wort unrein machst? Jesaja sagt: «O, ich Elender mit zerschlagenem Herzen! Denn nicht nur bin ich ein Mann und habe unreine Lippen, ich wohne auch inmitten eines Volkes, das unreine Lippen hat» (Jes. 6,5-6). Und du sagst: «Ich bin rein», wo doch, wie geschrieben steht, nicht einmal ein eintägiges Kind rein ist?[16] David sagt: «Und von meiner Sünde reinige mich!» (Ps. 50,4), und tatsächlich hat die Gnade des Herrn den Bemitleidenswerten oft gerechtfertigt. Du nennst dich rein, wo du doch so ungerecht bist, dass du kein Erbarmen kennst und den «Splitter in deines Bruders Auge siehst, nicht aber den Balken in deinem Auge erkennst» (Mt. 7,3)? Denn jeder Ungerechte ist unrein vor dem Herrn. Was aber könnte ungerechter sein, als einerseits zu wollen, dass dir Deine Sünden vergeben werden, und andererseits zu meinen, du selbst solltest sie dem Bittenden nicht nachlassen? Was könnte ungerechter sein, als dich selbst rechtfertigen zu wollen, indem du andere verurteilst, obwohl du schwerere Sünden begehst?

[16] Vgl. Hiob 14,4-5.

39. Und da der Herr Jesus den Nachlass unserer Sünden öffentlich verkünden wollte, antwortete er Johannes auf dessen Frage: «Ich müsste von dir getauft werden und du kommst zu mir?» (Mt. 3,14). Folgendes: «Lass es nur zu, denn es gebührt uns, alle Gerechtigkeit zu erfüllen» (Mt. 3,15). So kam der Herr zu einem Sünder, wo er doch selbst ohne Sünde war, und wollte getauft werden, obwohl er keiner Reinigung bedurfte. Wer könnte euch ertragen, die ihr keiner Reinigung durch Buße zu bedürfen glaubt, da ihr behauptet, durch die Gnade gereinigt zu sein, gleichsam als sei es für euch nunmehr unmöglich zu sündigen?

Die Scheinargumente der Novatianer

IX,40. Aber sie sagen: «Es steht geschrieben: ‹Wenn ein Mensch gegen einen Menschen sündigt, so wird man bei Gott für ihn bitten. Wenn aber ein Mensch gegen Gott sündigt, wer wird dann für ihn bitten?› (I. Kön. 2,25).» Zunächst habe ich bereits weiter oben gesagt, dass ich diesen Einwurf dann hinnehmen würde, wenn du nur die Abtrünnigen nicht zur Buße zuließest. Doch dann frage ich: Wo liegt das Problem bei diesem Thema? Es steht ja nicht geschrieben: «Niemand wird für ihn bitten», sondern: «Wer wird für ihn bitten?» Es wird also gefragt, wer in einem solchem Falle bitten könnte, ausgeschlossen wird es nicht.

41. Überdies hast du auch den 14. Psalm: «Herr, wer wird wohnen in deinem Zelt, wer wird ruhen an deinem heiligen Ort?» (Ps. 14,1). Es geht nämlich nicht darum, dass niemand dort wohnen wird, sondern der, der

sich bewährt hat. Auch ist nicht gesagt, dass niemand dort ruhen wird, sondern der, der erwählt ist. Damit du siehst, dass dies wahr ist, heißt es kurze Zeit später im 23. Psalm: «Wer wird steigen auf den Berg des Herrn, wer wird stehen an seinem heiligen Ort?» (Ps. 23,3). Die Antwort: Nicht jeder x–Beliebige aus dem gemeinen Volk, nicht jemand von plebejischer Bedeutungslosigkeit, sondern jemand von vorzüglichem Lebenswandel und einmaligem Verdienst. Und damit du verstehst, dass «wer» nicht «keiner» bedeutet, sondern «jemand», wenn es heißt: «Wer wird steigen auf den Berg des Herrn?», fügt der Psalmist hinzu: «Der unschuldige Hände und ein reines Herz hat, der seine Seele nicht ins Leere abgleiten lässt» (Ps. 23,4). Und anderswo heißt es: «Wer ist weise und versteht diese Dinge?» (Hos. 14,10). Soll damit etwa gesagt sein, dass keiner es versteht? Und im Evangelium heißt es: «Wer ist der treue und kluge Verwalter, den der Herr über seinen Hausstand einsetzt, auf dass er ihnen zur rechten Zeit ihr Maß an Weizen zuteile?» (Lk. 12,42). Und damit du verstehst, dass er von jemandem spricht, den es durchaus gibt, nicht von jemandem, der nicht existiert, fügt er hinzu: «Selig der Knecht, den der Herr bei seiner Rückkehr so handeln vorfindet» (Lk. 12,43). Und meines Erachtens ist auch Folgendes so gemeint: «Gott, wer ist dir gleich?» (Ps. 82,2). Nicht etwa niemand, denn der Sohn ist das Bild des Vaters.

42. Ebenso ist also die Frage aufzufassen «Wer wird für ihn bitten?», nämlich: Es muss jemand von einmaligem Lebenswandel für denjenigen bitten, der gegen den Herrn gesündigt hat. Je größer die Schuld, desto grö-

ßer sind die vorzubringenden Fürbitten. Denn es war nicht irgendjemand aus der gemeinen Masse, der für das jüdische Volk bittend eingetreten ist, sondern es war Moses, der Fürbitte hielt, als das Volk unter Missachtung des Glaubens das Haupt eines Kalbs anbetete. Hat sich Moses etwa geirrt? Gewiss nicht, denn er hat das, worum er gebeten hat, verdient und durchgesetzt. Was sollte eine solche Liebe wohl auch nicht durchsetzen, als er sich selbst für das Volk hingeben wollte mit den Worten: «Und jetzt, wenn du ihnen ihre Sünde erlässt, so erlasse sie; wenn nicht, dann streiche mich aus dem Buch des Lebens» (Ex. 32,32). Du siehst, dass er nicht wie ein weichlicher Fürsprecher von verwöhnter Natur darauf bedacht ist, bloß keinen Anstoß zu erregen, wie Novatian es zu fürchten behauptet, sondern dass er, an alle denkend außer sich selbst, nicht fürchtete Anstoß zu erregen, indem er das Volk von der Gefahr des Anstoßes erlöste und befreite.

43. Aus gutem Grund steht also geschrieben: «Wer wird für ihn bitten?», denn die Antwort lautet: Jemand wie Moses, der sich für die Sünder hingab, jemand wie der Prophet Jeremia, der, obwohl unser Herr ihm gesagt hatte: «Bete nicht für dieses Volk!» (Jer. 7,16), trotzdem gebetet hat und Gnade erwirkte. Bewegt durch die prophetische Fürbitte und das Flehen eines Sehers von solcher Größe sprach der Herr zu Jerusalem – da die Stadt ihrerseits für ihre Sünden Buße getan hatte mit den Worten: «Allmächtiger Herr, Gott Israels, eine Seele in Ängsten und ein unruhiger Geist rufen zu dir! Höre, o Herr, und erbarme dich!» (Bar. 3,1-2) – und befahl, die Trauerkleidung abzulegen und die Bußseufzer

einzustellen. Denn so steht es geschrieben am Ende des Buches: «Leg ab, Jerusalem, das Gewand deiner Trauer und Qual, und bekleide dich mit dem Schmuck jener Herrlichkeit, die dir von Gott in Ewigkeit verliehen ist» (Bar. 5,1).

X,44. Solche Fürsprecher sind also bei den schwersten Sünden aufzusuchen; denn wenn irgendein x–Beliebiger aus dem Volk bittet, so wird er nicht erhört.

45. Weshalb auch jenes Argument von euch, das ihr dem Brief des Johannes entnehmt, keinerlei Gewicht hat. Dieser sagt: «Wenn jemand weiß, dass sein Bruder eine Sünde begeht, die nicht zum Tod führt, so möge er bitten, und Gott wird jenem, dessen Sünde nicht zum Tod führt, das Leben geben. Es gibt eine Sünde, die zum Tod führt, und in Bezug auf diese sage ich nicht, dass man dafür bitten soll» (I. Joh. 5,16). Er spricht nämlich nicht zu Moses oder Jeremia, sondern zum Volk, das für seine Sünden einen anderen Fürsprecher heranziehen muss, und dem es genügen muss, bei Gott für die leichteren Sünden Fürbitte einzulegen, in dem Wissen darum, dass die Gnade für die schwereren den Gebeten der Gerechten vorbehalten bleibt. Denn wie hätte Johannes sagen können, man solle nicht für schwerere Sünden beten, wo er doch gelesen hatte, dass Moses seine Bitte vorgebracht und durchgesetzt hat, als es um willentlichen Abfall ging, und dass Jeremia ebenfalls gebeten hatte?

46. Wie hätte Johannes sagen können, man solle nicht für die Sünde, die zum Tod führt, beten, wo er doch selbst in der Offenbarung folgendes Gebot an den Engel der Gemeinde von Pergamon geschrieben hat: «Du hast

dort einige Anhänger der Lehre Bileams, der Balak lehrte, vor den Kindern Israels ein Ärgernis aufzurichten, Götzenopferfleisch zu essen und Unzucht zu treiben; so hast auch du Anhänger der Lehre der Nikolaiten. Tue ebenso Buße; andernfalls komme ich zu dir» (Offb. 2,14-16). Siehst du, dass Gott Buße fordert, um Gnade verheißen zu können? Schließlich sagt er dort auch: «Wer Ohren hat, der höre, was der Geist den Gemeinden sagt: Dem Sieger werde ich vom Manna zu essen geben» (Offb. 2,17).

47. Wusste Johannes etwa nicht, dass Stephanus für seine Verfolger, die es nicht ertragen konnten, den Namen Christi zu hören, Fürbitte hielt, als er über jene, von denen er gesteinigt wurde, sprach: «Herr, rechne ihnen diese Sünde nicht an?» (Apg. 7,60). Die Wirkung dieser Fürbitte sehen wir in der Person des Apostels Paulus. Denn Paulus, der auf die Kleidung der Steiniger des Stephanus aufpasste, wurde durch die Gnade Christi wenig später zu einem Apostel, er, der ehemalige Verfolger.

XI,48. Da nun einmal von dem allgemeinen Brief des Johannes die Rede ist, wollen wir auch untersuchen, ob das, was im Evangelium desselben Johannes geschrieben steht, mit eurer Auslegung übereinstimmt. Er schreibt nämlich, der Herr habe gesagt: «So sehr hat Gott diese Welt geliebt, dass er seinen einzigen Sohn hingab, so dass jeder, der an ihn glaubt, nicht zugrunde geht, sondern das ewige Leben hat» (Joh. 3,16). Wenn du also einen Gefallenen wiedergewinnen willst, ermunterst du ihn dann zum Glauben oder zum Unglauben? Doch wohl zum Glauben! Wer aber glaubt, der wird nach dem Wort des Herrn das ewige Leben haben. Wie kannst du also verbieten, für denjenigen zu beten, dem das ewige Leben zusteht, da doch der Glaube der göttlichen Gnade entstammt, wie der Apostel lehrt, als er von der Verteilung der Gnadengaben spricht: «einem anderen ist in demselben Geist Glaube gegeben» (I. Kor. 12,9). Und die Jünger sprechen zum Herrn: «Mehre unseren Glauben!» (Lk. 17,5). Wer also den Glauben hat, hat das Leben; wer aber das Leben hat, ist gewiss nicht von der Vergebung ausgeschlossen. «Jeder», sagt der Evangelist, «der an ihn glaubt, soll nicht zugrunde gehen.» Wenn es heißt «jeder», so ist keiner ausgeschlossen, keiner ausgenommen. Denn er nimmt auch den nicht aus, der gefallen ist, wenn er nur anschließend recht glaubt.

49. Wir wissen genau, dass sich viele nach ihrem Fall wieder gerüstet und für den Namen Gottes gelitten haben. Wir können jenen die Gemeinschaft der Märtyrer nicht verweigern, denen sie der Herr Jesus nicht verweigert. Wagen wir also zu behaupten, dass jenen das Leben nicht zugestanden wird, denen Christus die Krone zugesteht? Wie nun vielen nach ihrem Fall die Krone zugestanden wird, wenn sie gelitten haben, so wird auch ihr Glaube wiederhergestellt, wenn sie vertrauen. Dieser Glaube ist eine Gabe Gottes, wie du es geschrieben findest: «Denn euch ist es von Gott gegeben, nicht nur an ihn zu glauben, sondern auch für ihn zu leiden» (Phil. 29). Kann es etwa sein, dass derjenige, der die Gabe Gottes erhalten hat, seine Vergebung nicht erhält?

50. Es liegt aber keine einzelne, sondern eine doppelte Gnade darin, dass jeder, der glaubt, auch für den Herrn Jesus leiden soll. Derjenige, der glaubt, hat somit seine Gnade, die andere aber erhält er, wenn sein Glaube

durch Leiden gekrönt wird. So war Petrus vor seinem Leiden keineswegs ohne Gnade, als er aber ins Leiden trat, erwarb er die andere. Und viele, die die Gnade, für Jesus zu leiden, nicht haben, haben dennoch die Gnade, an Jesus zu glauben.

51. Deshalb heißt es: «So dass jeder, der an ihn glaubt, nicht zugrunde gehe.» «Jeder», sagt er, das heißt, wie auch immer seine Umstände sein mögen, wie auch immer sein Fall gewesen sein mag: Wenn er glaubt, so muss er nicht fürchten zugrunde zu gehen. Es könnte ja sein, dass jemand von Jerusalem nach Jericho hinabsteigt, also vom Kampf des Martyriums zurückfällt in die Leidenschaften dieses Lebens und die Annehmlichkeiten der Welt, verwundet von Räubern, also von Verfolgern, und halbtot zurückgelassen wird; vielleicht wird ihn dann jener Samariter aus dem Evangelium, der unserer Seelen Hüter ist – Samariter heißt nämlich Hüter[17] –, finden und nicht an ihm vorübergehen, sondern ihn pflegen und heilen.

52. Vielleicht geht er deshalb nicht an ihm vorüber, weil er in ihm noch einen Funken Lebenskraft erkannt hat, aus dem er sich regenerieren kann. Scheint euch derjenige, der gefallen ist, nicht halblebendig[18] zu sein, wenn ihm der Glaube einen Funken Lebenskraft einhaucht? Denn wer Gott gänzlich aus seinem Herzen ver-

[17] Die Samariter sind nach der Region Samaria benannt, nannten sich selbst aber שׁוֹמְרִים (Schomrim), «Hüter» des Gesetzes.

[18] Ambrosius spielt auf den Mann an, den der Samariter aufnahm. Die übliche deutsche Übersetzung wäre «halbtot», doch ließe sich dann der Gedankengang des Ambrosius an dieser Stelle nicht angemessen wiedergeben.

bannt, der ist tot. Wer ihn aber nicht gänzlich verbannt, sondern ihn unter dem Eindruck der Folter zeitweise verleugnet, der ist halblebendig. Wenn er tot ist, warum sagst du ihm dann, er solle Buße tun, wo er doch nicht mehr geheilt werden kann? Ist er aber halblebendig, so gieße Öl in seine Wunden, keinen Wein ohne Öl, sondern etwas, das ätzt, immer zusammen mit etwas, das lindert. Lade ihn auf dein Lasttier, übergib ihn dem Wirt, verwende die beiden Münzen für seine Heilung, sei ihm der Nächste. Du kannst ihm aber nicht der Nächste sein, wenn du keine Barmherzigkeit zeigst; denn es kann sich niemand ‹Nächster› nennen, wenn er nicht heilt, sondern tötet. Wenn du dich aber ‹Nächster› nennen willst, dann sagt dir Christus: «Geh und handle ebenso!» (Lk. 10,37).

XII,53. Schauen wir uns eine ähnliche Aussage an: «Wer an den Sohn glaubt, der hat das ewige Leben; wer aber nicht an den Sohn glaubt, der wird das Leben nicht sehen, sondern Gottes Zorn bleibt über ihm» (Joh. 3,36). Etwas, das bleibt, hat doch irgendwann angefangen, und zwar bei irgendeinem Vergehen, denn derjenige hat zuvor nicht geglaubt. Sobald nun jemand anfängt zu glauben, schwindet der Zorn Gottes, und das Leben scheint auf. An Christus glauben heißt also das Leben gewinnen, «denn wer an ihn glaubt, wird nicht gerichtet» (Joh. 3,18).

54. Aber an diesem Punkt erwidern sie, dass ja derjenige, der an Christus glaubt, auch dessen Wort halten müsse. So nämlich, sagen sie, steht es geschrieben, denn der Herr sagt: «Ich bin als Licht in diese Welt gekommen, damit jeder, der an mich glaubt, nicht in der Fin-

sternis bleibe; und wenn jemand mein Wort hört und es hält, den richte ich nicht» (Joh. 12,46-47).[19] Er richtet nicht, und du willst richten? Er sagt: «Damit der, der an mich glaubt, nicht in der Finsternis bleibe», das heißt: «Damit er, wenngleich er in der Finsternis war, nicht in ihr verbleibe, seinen Fehler berichtige, seine Schuld begleiche und meine Gebote beachte. Ich habe ja gesagt: ‹Ich will nicht den Tod des Sünders, sondern seine Bekehrung› (Hes. 18,23; 33,11). Zuvor habe ich gesagt: ‹Wer an mich glaubt, wird nicht gerichtet.› Und daran halte ich mich; ‹denn ich bin nicht gekommen, die Welt zu richten, sondern damit die Welt durch mich gerettet werde› (Joh. 3,17). Gerne begnadige ich, freimütig verzeihe ich, ‹Barmherzigkeit will ich lieber als Opfergaben› (Hos. 6,6), denn durch das Opfer empfiehlt sich der Gerechte, durch die Barmherzigkeit wird der Sünder erlöst. ‹Ich bin nicht gekommen, die Gerechten zu rufen, sondern die Sünder› (Mt. 9,13). Im Gesetz gilt das Opfer, im Evangelium die Barmherzigkeit, denn ‹das Gesetz wurde durch Moses gegeben, durch mich kam die Gnade› (Joh. 1,17).» Geht es noch offensichtlicher?

55. Zudem führt er etwas später aus: «Wer mich verachtet und meine Worte nicht annimmt, der hat seinen Richter» (Joh. 12,48). Scheint es dir logisch, dass derjenige, der die Worte Christi annimmt, sich nicht bessert? Mit Sicherheit nicht! Wer sich also bessert, der nimmt sein Wort an; denn sein Wort besagt, dass sich ein jeder abwenden soll von seiner Schuld. Du musst diesen

[19] Im Originaltext des Johannesevangeliums heißt es allerdings: «Wenn jemand mein Wort hört und es *nicht* hält.»

Ausspruch des Herrn nun notwendigerweise entweder aus dem Evangelium streichen, oder aber, wenn du ihn nicht leugnen kannst, ihm beipflichten.

56. Für denjenigen, der die Gebote des Herrn befolgt, gehört es sich auch, der Sünde zu entsagen und von Verfehlungen abzulassen. Du darfst daher die Aussage nicht so auslegen, als spräche er von dem, der sich schon immer in Acht genommen hat; denn hätte er das gemeint, hätte er ein «immer» hinzugefügt; da er das aber nicht getan hat, so hat er von demjenigen gesprochen, der das einhält, was er gehört hat. Nun aber hat er gehört, dass er seinen Fehler berichtigen soll. Er hat also gehalten, was er gehört hat.

57. Wie hart es aber wäre, jemanden zur ewigen Strafe zu bestimmen, der doch zumindest im Nachhinein die Gebote des Herrn gehalten hat, möge er selbst dich lehren, der auch denen seine Gnade nicht verweigert hat, die seine Gebote nicht gehalten haben, wie du es im Psalter findest: «Wenn sie meine Satzungen entweihen und meine Gebote nicht halten, so will ich ihr Unrecht mit der Rute strafen und ihre Vergehen mit der Peitsche, doch meine Barmherzigkeit werde ich ihnen nicht entziehen» (Ps. 89,32-34). Er verspricht also allen Barmherzigkeit.

58. Damit du aber nicht glaubst, dass diese Barmherzigkeit ohne Urteilsvermögen erwiesen würde: Es wird unterschieden zwischen denen, die den himmlischen Geboten gegenüber ununterbrochenen Gehorsam geleistet haben, und denen, die irgendwann einmal gefallen sind, sei es durch Irrtum, sei es durch Zwang. Und damit du nicht glaubst, du würdest durch unsere

Darstellung getäuscht, höre das Urteil Christi! Dieser sagt nämlich: «Wenn ein Knecht wissentlich den Willen seines Herrn missachtet, wird er viele Schläge erhalten, tut er es aber unwissentlich, nur wenige» (Lk. 12,47-48). Jeder von beiden wird aber, wenn er glaubt, angenommen, denn «Gott züchtigt jeden Sohn, den er annimmt» (Hebr. 12,6). Und wen er züchtigt, den liefert er gewiss nicht dem Tod aus, wie geschrieben steht: «Der Herr hat mich schwer gezüchtigt, aber er hat mich nicht dem Tod ausgeliefert» (Ps. 117,18).

Paulus als Garant für die Lehre der Kirche

XIII,59. Schließlich lehrt Paulus, dass man jene, die eine Sünde zum Tode begangen haben, nicht aufgeben, sondern vielmehr zurechtweisen solle mit «Tränenbrot und Klagetrank» (Ps. 79,6), aber so, dass auch die Trauer selbst gemäßigt bleibe. Denn es heißt: «Du gibst ihnen den Tränenkrug in Maßen», so dass die Traurigkeit selbst ihr Maß habe, damit derjenige, der Buße tut, nicht von übermäßiger Trauer verschlungen werde. So schreibt der Apostel an die Korinther: «Was wollt ihr? Soll ich mit der Rute zu euch kommen oder mit Liebe und im Geist der Sanftmut?» (I. Kor. 4,21) Doch auch die Rute ist nicht schlimm, denn er hatte ja gelesen: «Du schlägst ihn zwar mit der Rute, aber du befreist seine Seele vom Tod» (Prov. 23,14).

60. Was er unter «mit der Rute kommen» versteht, das lehrt sein Angriff gegen die Hurerei, seine Anklage gegen die Unzucht, seine Kritik am Stolz derer, die sich aufblasen, obwohl sie eher trauern sollten, und

schließlich seine Verdammung des Schuldigen, der aus der Abendmahlsgemeinschaft ausgeschlossen und dem Widersacher übergeben wurde, zum Verderben des Fleisches, nicht der Seele. Denn wie der Herr dem Satan nicht die Macht über die Seele des heiligen Hiob gab, sondern ihm lediglich erlaubte, über dessen Körper zu verfügen, so wird auch dieser Schuldige dem Satan zum Verderben des Fleisches übergeben, damit die Schlange seine Erde lecke, aber ohne der Seele zu schaden.

61. Möge unser Fleisch also den Leidenschaften sterben, es sei gefangen, es sei unterworfen und streite nicht gegen das Gesetz unseres Geistes. Seliger Knechtschaft untergeben möge es sterben, wie bei Paulus, der seinen Leib züchtigte, um ihn zur Knechtschaft zu treiben, damit seine Predigt glaubhafter werde, sobald das Gesetz seines Fleisches mit dem Gesetz seines Geistes wahrhaft übereinstimme. Denn das Fleisch verdirbt, wenn sein Sinnen auf den Geist übergeht, so dass es nicht länger Geschmack findet an den fleischlichen Dingen, sondern an geistlichen. O dass ich doch mein Fleisch schwach werden sähe, dass es nicht länger gefangen wäre im Gesetz der Sünde, dass ich nicht länger im Fleisch lebte, sondern im Glauben an Christus! Deshalb liegt in der Schwachheit des Leibes größere Gnade als in seiner Gesundheit. Deshalb wollte der Herr auch Paulus, den er so sehr liebte, nicht von der Schwäche des Fleisches befreien. Als Paulus darum bat, dass diese Schwäche ihn verlassen möge, antwortete ihm der Herr: «Meine Gnade genügt dir, denn die Kraft wird in der Schwachheit vollendet» (II. Kor. 12,9). Und Paulus gefiel sich in seiner Schwachheit: «Wenn ich schwach bin, dann bin ich

stark» (II. Kor. 12,10). Die Stärke der Seele wird nämlich in der Schwäche des Fleisches vollendet.

62. Nun, da wir die Lehre des Paulus erklärt haben, wollen wir uns die Worte selbst anschauen, inwiefern er zum Beispiel sagen kann, dass er den Schuldigen dem Satan übergebe zum Verderben des Fleisches, wo doch der Teufel unser Versucher ist. Für gewöhnlich fügt er einzelnen Gliedern Gebrechen zu und erschüttert den ganzen Körper mit Krankheiten. So hat er auch den heiligen Hiob von Kopf bis Fuß mit bösartigem Geschwür geschlagen, da er Vollmacht zum Verderben seines Fleisches erhalten hatte nach dem Wort Gottes: «Siehe, ich überlasse ihn dir, nur schone seine Seele» (Hiob 2,6). Diesen Gedanken vermittelte der Apostel mit denselben Worten, als er sagte, er werde einen solchen Menschen dem Satan übergeben zum Verderben des Fleisches, «auf dass sein Geist gerettet werde am Tage unseres Herrn Jesus Christus» (I. Kor. 5,5).

63. Groß ist die Macht, groß ist die Gnade, die dem Teufel gebietet, sich selbst zu vernichten. Denn er vernichtet sich selbst, wenn er dem Menschen, den er durch Versuchung zu Fall bringen will, aus seiner Schwachheit zur Stärkung verhilft, indem er dadurch, dass er das Fleisch schwächt, den Geist stärkt. Denn die Krankheit des Fleisches vertreibt die Sünde, die Wonne des Fleisches hingegen entzündet Schuld.

64. Der Teufel wird also überlistet, so dass er sich durch seinen Biss selbst verletzt und denjenigen, den er zu schwächen glaubte, mit Waffen gegen sich selbst ausrüstet. So hat er auch den heiligen Hiob jedes Mal, wenn er ihn verletzt hat, immer stärker bewaffnet.

Hiob, dessen ganzer Körper mit grässlichen Geschwüren übersät war, hat wohl den Biss des Teufels ertragen, aber sein Gift nicht gespürt. Deshalb wurde ihm auch zu Recht gesagt: «Du wirst den Drachen an der Angel haben, mit ihm spielen wie mit einem Vogel, ihn binden wie ein Junge einen Sperling bindet und die Hand auf ihn legen.»[20]

65. Du siehst, wie der Teufel von Paulus überlistet wird: Wie jenes Kind aus der Prophetie streckt er seine Hand aus zur Höhle, doch die Schlange schadet ihm nicht,[21] er scheucht sie aus ihrem Versteck, aus ihrem Gift macht er geistliches Gegengift, so dass aus Gift eine Arznei wird. Es ist Gift zum Verderben des Fleisches, aber es wird Arznei zum Heil des Geistes. Denn was dem Körper schadet, hilft dem Geist.

66. So möge denn die Schlange meine Erde fressen, ihren Zahn in mein Fleisch bohren, meinen Leib zerreiben. Möge der Herr auch über mich sagen: «Ich überlasse ihn dir, nur schone seine Seele!» Wie groß ist die Macht Christi, dass der Schutz des Menschen sogar dem Teufel selbst geboten ist, der doch immer nur schaden will. Suchen wir also das Wohlwollen unseres Herrn Jesus! Wenn Christus es befiehlt, dann wird selbst der Teufel zum Hüter seiner Beute; zwar widerwillig, unterwirft er sich doch den himmlischen Geboten; wenngleich selbst grausam, befolgt er dennoch Befehle voller Sanftmut.

67. Aber was preise ich seinen Gehorsam? Er soll ewig böse bleiben, damit Gott, der die Bosheit des Teufels

20 Im Original als (rhetorische) Frage von Gott an Hiob gestellt.
21 Vgl. Jes. 11,8.

für uns in Gnade umwandelt, ewig gut sein kann. Jener will schaden, kann es aber nicht, wenn Christus sich ihm entgegenstellt. Er verwundet das Fleisch, aber schont die Seele. Er verschlingt die Erde, aber bewahrt den Geist. Denn so steht es geschrieben: «Dann werden Wölfe und Lämmer zusammen weiden, Löwe und Rind werden Stroh fressen, doch der Schlange Brot wird die Erde sein. Und man wird nichts schänden und nichts verwüsten auf meinem heiligen Berg, spricht der Herr» (Jes. 65,25). Denn dies ist das Urteil der Schlange, der Verfluchten: «Die Erde soll Deine Nahrung sein» (Gen. 3,14). Welche Erde? Doch wohl die, von der gesagt ist: «Du bist Erde und zur Erde kehrst du zurück» (Gen. 3,19).

Der Umgang mit den Leidenschaften

XIV,68. Diese Erde frisst die Schlange, wenn uns der Herr Jesus gnädig gesinnt ist, so dass die Seele die Schwäche des Fleisches erträgt und nicht entflammt wird durch das Feuer des Körpers und die Glut der Glieder. «Es ist besser zu heiraten als zu brennen» (I. Kor. 7,9). Denn es gibt eine Flamme, die im Innern brennt. Lasst uns also dieses Feuer nicht in die Windungen unseres Geistes und die Winkel unseres Herzens einbinden, damit wir nicht unsere innere Schutzhaut verbrennen und die gefräßige Flamme der Lust nicht das äußere Kleid unserer Seele und unsere fleischliche Hülle verzehrt, sondern wir durch das Feuer hindurchschreiten. Und wenn jemand in die Liebesglut hineinfällt, er springe hinaus und schreite fort. Er verstricke seine

Gedanken nicht in unkeuscher Leidenschaft, er binde keine Knoten um sich durch die Fessel unablässiger Träumerei, er starre nicht des Öfteren auf die Schönheit einer Hure, wie auch eine junge Frau ihren Blick nicht heben soll gegenüber dem Antlitz eines jungen Mannes. Und wenn sie schon bei einem zufälligen Anblick gefesselt wird, wie viel stärker wird sie gefesselt sein, wenn sie bewusst hinschaut?

69. Möge uns ganz einfach der Brauch lehren: Eine Frau verhüllt ihr Haupt mit einem Schleier, um auch in der Öffentlichkeit ihre Sittlichkeit zu wahren. Ihr Antlitz soll für die Augen eines jungen Mannes nicht leicht zu sehen sein, weshalb sie sich mit dem Hochzeitsschleier bedecken soll, so dass sie selbst bei zufälligen Begegnungen nicht der Gefahr einer Verletzung ausgesetzt ist, sei es ihrer selbst oder eines anderen, wobei sie in beiden Fällen verletzt wäre. Wenn sie nun ihr Haupt mit einem Schutz verhüllt, damit sie weder leichtfertig sieht noch leichtfertig gesehen wird – denn bei verhülltem Haupt ist das Gesicht verborgen –, wie viel stärker muss sie sich dann mit dem Schutz ihrer Ehre verhüllen, damit sie auch in der Öffentlichkeit ihr eigenes geheimes Reich hat?

70. Aber nehmen wir an, der Blick sei auf etwas gefallen, aber die Leidenschaft nicht darauf gerichtet. Hingesehen zu haben ist nämlich noch kein Verbrechen, aber man hüte sich davor, dass es der Beginn eines Verbrechens werde. Das fleischliche Auge hat hingesehen, aber die Sittlichkeit des Geistes möge die Augen des Herzens zudrücken. Wir haben einen moralischen und nachsichtigen Herrn. Der Prophet hat zwar gesagt: «Starre

nicht auf die Schönheit einer Hure!»[22] Der Herr aber hat gesagt: «Wer eine Frau ansieht, sie zu begehren, der hat in seinem Herzen schon Ehebruch mit ihr begangen» (Mt. 5,28). Er hat nicht gesagt: «Wer sie ansieht, hat Ehebruch begangen», sondern «Wer sie ansieht, sie zu begehren». Nicht den Blick erklärt er für schuldhaft, sondern er fragt nach der Regung des Herzens. Gut aber ist die Sittlichkeit, die auch die Augen des Leibes so zu schließen pflegt, dass wir oft selbst das nicht sehen, was wir sehen. Denn was auch immer uns vor Augen tritt, pflegt durch den Blick aufgenommen zu werden, aber wenn er nicht mit der Aufmerksamkeit der Seele zusammentrifft, dann verschwindet dieser Eindruck auch gleich nach dem fleischlichen Wahrnehmung wieder.

71. Folglich sehen wir mehr mit der Seele als mit dem Leib. Wenn nun das Fleisch das Feuer gesehen hat, so lasst es uns nicht in unserem Inneren, also im geheimen Reich unseres Geistes und in der Schatzkammer unserer Seele, verwahren. Lassen wir dieses Feuer nicht in unsere Knochen fahren, wir wollen uns nicht selbst Fesseln anlegen und uns nicht in Gespräche mit jemandem verwickeln lassen, von dem das Feuer der Unkeuschheit ausgeht. Das Gespräch mit einem jungen Mädchen ist ein Fallstrick für den Jüngling, die Worte eines Jünglings sind Fesseln der Liebe.

[22] Eine wörtliche Entsprechung findet sich in der Schrift nicht, am nächsten kommt Prov. 5,3: «μὴ πρόσεχε φαύλῃ γυναικί.» Da Ambrosius im Laufe dieses Kapitels mehrmals aus dem fünften und sechsten Kapitel der Sprichwörter zitiert, könnte diesem ‹Zitat› die besagte Stelle zugrunde liegen.

72. Josef sah dieses Feuer, als jene nach Ehebruch gierende Frau ihn ansprach.[23] Sie wollte ihn mit ihren Worten einfangen, sie warf die Schlingen ihrer Lippen nach ihm aus, doch diesen keuschen Mann vermochte sie nicht zu fesseln. Denn die Fesseln der Frau werden gesprengt durch die Stimme der Sittlichkeit, das Wort der Würde, die Zügel der Vorsicht, die Obhut des Glaubens, die Zucht der Keuschheit. Da die Schamlose ihn nun nicht mit ihren Netzen fangen konnte, streckte sie ihre Hand aus und ergriff sein Gewand, um sich daran festzubinden. Die Worte einer lasziven Frau sind Netze der Leidenschaft, ihre Hand ist eine Fessel der Liebe. Aber der keusche Geist konnte weder durch Netze noch durch Fesseln gefangen werden. Das Gewand ist abgeschüttelt, die Fesseln gelöst, und weil er das Feuer nicht im Inneren seines Geistes verwahrt hat, hat er seinen Leib nicht verbrannt.

73. Siehst du nun, dass der Grund für unsere Schuld in unserer Seele liegt? Somit ist das Fleisch unschuldig, aber nicht selten wird es zur Dienerin der Sünde. Lass dich also nicht besiegen von der Begierde[24] nach äußerer Form. Viele Netze wirft der Teufel aus, viele Schlingen. Der Blick einer Hure ist eine Schlinge für den Verliebten, unsere eigenen Augen sind Netze für uns, weshalb geschrieben steht: «Lass dich nicht von deinen Augen fangen» (Prov. 6,25). Wir werfen uns also selbst die Netze aus, in denen wir uns verstricken und verwickeln. Wir legen uns unsere eigenen Fesseln an, wie wir

[23] Vgl. Gen. 39,7-12.

[24] Zum ersten und einzigen Mal in diesem Werk verwendet Ambrosius hier den Begriff *concupiscentia*.

lesen: «Jeder einzelne wird verschnürt in die Fesseln seiner eigenen Sünden» (Prov. 5,22).

74. Schreiten wir also durch das Feuer der Jugend und die Glut der jungen Jahre hindurch. Schreiten wir durch das Wasser, verweilen wir nicht darin, damit uns die tiefen Fluten nicht einschließen. Schreiten wir hindurch, damit auch wir sagen können: «Durch einen Strom ist unsere Seele gegangen» (Ps. 123,5); wer nämlich hindurchgeht, ist gerettet. Schließlich spricht auch der Herr wie folgt: «Wenn du durchs Wasser gehst, bin ich bei dir, die Fluten werden dich nicht einschließen» (Jes. 43,2); und der Prophet sagt: «Ich habe den Gottlosen erhöht gesehen bis über die Zedern des Libanon, und als ich an ihm vorüberging, siehe, da war er nicht mehr» (Ps. 36,35-36). Geh durch die Welt, und du wirst allen Glanz der Gottlosen zusammenbrechen sehen. Auch Moses, der durch die Fluten dieser Welt hindurchging, sah eine große Erscheinung und sprach: «Ich werde hindurchgehen und diese Erscheinung ansehen» (Ex. 3,3). Wäre er nämlich den Lastern des Leibes und den schlüpfrigen Lüsten dieser Welt verfallen, hätte er nicht ein solch großes Geheimnis geschaut.

75. Schreiten also auch wir durch dieses Feuer der Lust, das Paulus fürchtete, aber um unseretwillen, denn er hatte seinen Leib durch Züchtigung so erzogen, dass er um sich selbst keine Angst mehr haben brauchte. Uns aber sagt er: «Flieht vor der Hurerei!» (I. Kor 6,18) Fliehen wir also vor ihr, als ob sie hinter uns her wäre. Doch sie ist gar nicht hinter uns, sondern verfolgt uns in uns selbst. Wir sollten also sorgfältig darauf achten, dass wir sie nicht bei uns tragen, während wir vor ihr

fliehen. Wir wollen ja meistens fliehen, aber wenn wir die Hurerei nicht aus dem tiefsten Innern unserer Seele herausreißen, dann erhöhen wir sie eher als sie hinter uns zu lassen. Springen wir also über sie, auf dass uns nicht gesagt wird: «Wandelt im Feuer eurer Flamme, die ihr euch selbst entzündet habt» (Jes. 50,11). So wie jeder, der Feuer in seiner Brust trägt, seine Kleidung verbrennt, so muss sich zwangsläufig jeder, der über Feuer geht, seine Füße verbrennen, denn es steht geschrieben: «Kann man über glühende Kohlen gehen, ohne sich die Füße zu verbrennen?» (Prov. 6,28).

76. Es ist ein unheilvolles Feuer, daher sollten wir es nicht durch Ausschweifung schüren. Die Lust wird genährt durch üppige Gastmähler, gehegt durch Genüsse, entzündet durch Wein und entflammt durch Trunkenheit. Noch unheilvoller ist der Zündstoff der Worte, der den Geist betrunken macht, wie ein Wein aus den Weinbergen Sodoms. Hüten wir uns also vor einem Übermaß dieses Weins; wo das Fleisch trunken wird, da taumelt der Geist, da torkelt die Seele, da schwankt das Herz. Und deshalb ist die Weisung, die an Timotheus gegeben wurde, für jeden von uns nützlich: «Trink ein wenig Wein aufgrund deiner häufigen Krankheiten!» (I. Tim. 5,23) Ist der Körper erhitzt, stößt er Dampf aus; leidet das Fleisch unter der Kälte von Krankheit, wird deine Seele erfrischt. Schmerzt der Körper, trauert die Seele, doch deine Traurigkeit soll dir zur Freude werden.

77. Fürchte dich also nicht, wenn dein Fleisch aufgefressen wird: Deine Seele wird nicht verschlungen. Deshalb sagte auch David, dass er sich nicht fürchte, da seine Feinde zwar sein Fleisch aßen, aber nicht seine Seele,

wie wir lesen: «Wenn sich mir die Übeltäter nähern, um mein Fleisch zu essen, meine Feinde, die mich plagen, so sind sie selbst es, die kraftlos werden und fallen» (Ps. 26,2). Die Schlange erwirkt also nur ihren eigenen Untergang. Somit wird derjenige, der von der Schlange erdrosselt wurde, auch der Schlange ausgeliefert, auf dass sie den, den sie niederstreckte, wieder aufrichte, und der Untergang der Schlange zur Auferstehung des Menschen werde. Die Schrift bezeugt den Satan als den Urheber dieser leiblichen Hilflosigkeit und fleischlichen Schwächung, da Paulus sagt: «Mir wurde ein Stachel ins Fleisch gegeben, ein Bote Satans, der mich ohrfeigen soll, damit ich nicht überheblich werde» (II. Kor. 12,7). So hat Paulus gelernt zu heilen, wie auch er selbst geheilt wurde.

Die Wiederaufnahme des bußwilligen Sünders

XV,78. Er ist ein guter Lehrer, da er eines von zwei Dingen in Aussicht stellt, aber schließlich beides schenkt. Er kommt mit der Rute, sofern er den Verurteilten von der heiligen Gemeinschaft ausschließt – und aus gutem Grund wird gesagt, dass derjenige, der vom Leib Christi getrennt wird, dem Satan übergeben wird –, er kommt aber auch in Liebe und im Geist der Sanftmut, sei es, weil er den Verurteilten in einer Weise übergibt, dass er seinen Geist gesund macht, sei es, weil er jenen, den er zunächst abgesondert hat, anschließend wieder zu den Sakramenten zulässt.

79. Denn es war notwendig, den tief Gefallenen abzusondern, damit nicht ein wenig Sauerteig den ganzen

Teig verderbe. Der alte Sauerteig muss gereinigt werden, sei es beim Einzelnen der alte Mensch, also der äußere Mensch mit seinen Handlungen, sei es beim Volk der in seinen Sünden Verwurzelte und in seinen Lastern Verhärtete. Und aus gutem Grund hat er vom Reinigen gesprochen, nicht vom Wegwerfen, denn was man reinigt, hält man nicht für völlig unbrauchbar, vielmehr wird durch die Reinigung das Brauchbare vom Unbrauchbaren getrennt. Was man hingegen wegwirft, vom dem glaubt man, dass es nichts Brauchbares mehr an sich hat.

80. Damals schon hat der Apostel bestimmt, den Gefallenen wieder zu den himmlischen Sakramenten zuzulassen, wenn dieser von sich aus gereinigt zu werden wünscht. Und aus gutem Grund sagt er: «Reinigt!» Denn er wird gleichsam durch Werke des ganzen Volkes gereinigt und durch die Tränen der Menge abgewaschen, er, der durch die Gebete und das Weinen der Menge von der Sünde erlöst und in seinem inneren Menschen gereinigt wird. Denn Christus hat seiner Kirche gewährt, einen durch alle zu erlösen, wie sie sich durch die Ankunft des Herrn Jesus auch das Recht erwarb, alle durch einen zu erlösen.

81. Das ist es, was der Apostel meint, wenngleich es die Worte etwas schwer verständlich machen. Betrachten wir die Äußerung des Apostels für sich: «Reinigt den alten Sauerteig, damit ihr ein neuer Teig seid, wie ihr ja bereits ungesäuert seid» (I. Kor. 5,7). Somit nimmt die ganze Kirche die Last des Sünders, mit dem sie in Tränen, Gebet und Schmerz mitleiden muss, auf sich, bedeckt sich sozusagen vollständig mit seinem Sauerteig,

damit alles Überflüssige im Büßer durch alle gereinigt werde, gleichsam durch eine vereinigte Beimischung mannhaften Erbarmens und Mitgefühls. Oder es ist so zu verstehen, wie es jene Frau im Evangelium, die als Bild der Kirche fungiert, lehrt, indem sie den Sauerteig in ihrem Mehl verbarg, bis alles durchsäuert war,[25] so dass alles rein verwendet werden kann.

82. Was mit Sauerteig gemeint ist, hat mich der Herr im Evangelium gelehrt: «Versteht ihr nicht, dass es nicht um das Brot ging, als ich sagte: ‹Hütet euch vor dem Sauerteig der Pharisäer und Sadduzäer›? Da», heißt es, «verstanden sie, dass er nicht gesagt hatte, man solle sich vor den Broten, sondern vor der Lehre der Pharisäer und Sadduzäer hüten» (Mt. 16,11-12). Diesen Sauerteig nun, also die Lehre der Pharisäer und die Erörterungen der Sadduzäer, verbirgt die Kirche in ihrem Mehl, wenn sie den zu harten Buchstaben des Gesetzes durch ihre geistliche Auslegung erweicht, sozusagen mit der Mühle ihrer Erläuterung zermahlt und dabei aus den Hülsen der Buchstaben die in ihrem Innern verborgenen Geheimnisse hervorbringt. Auf diese Weise stützt sie den Glauben an die Auferstehung, in der die Barmherzigkeit Gottes verkündet wird und in der die Hoffnung geschenkt wird, dass das Leben der Toten wiederhergestellt wird.

83. Das Heranziehen dieses Vergleichs scheint an dieser Stelle keineswegs unpassend, denn das Himmelreich bedeutet ja die Erlösung des Sünders. Und deshalb werden wir alle – Gute wie Böse – mit dem Mehl der Kirche

[25] Vgl. Lk. 13,21.

vermischt, auf dass wir ein neuer Teig werden. Damit aber niemand fürchte, dass sich durch die Beimischung verdorbenen Sauerteigs der ganze Klumpen verfärbe, hat der Apostel gesagt: «Damit ihr ein neuer Teig seid, wie ihr ja bereits ungesäuert seid.» Das heißt: Der Teig wird euch so wiederherstellen, wie es einst war in der reinen Unverdorbenheit eurer Unschuld. Wenn wir uns also erbarmen, werden wir nicht durch die Sünde des anderen befleckt, sondern fügen seine Erlösung unserem eigenen Gnadenschatz hinzu, so dass unsere Reinheit so erhalten bleibt, wie sie einst war. Und deshalb ergänzt der Apostel: «Denn als unser Passahlamm ist Christus geopfert worden» (I. Kor. 5,7). Das heißt: Die Passion des Herrn kam allen zugute und schenkte Erlösung den Sündern, die ihre begangenen Schandtaten bereuen.

84. Lasst uns also das Festmahl mit gutem Essen feiern, in tätiger Buße, in freudiger Erlösung; denn keine Speise ist süßer als Güte und Frömmigkeit. Unserem Festmahl und unserer Freude soll keinerlei Neid gegen den geretteten Sünder beigemischt sein, damit wir uns nicht selbst aus dem Hause des Vaters ausschließen, wie es jener neidische Bruder im Evangelium tat, weil ihm die Wiederaufnahme seines Bruders schmerzte, über dessen ewigen Ausschluss er sich gefreut hätte.[26]

85. Dass ihr ihm ähnlich seid, könnt ihr Novatianer nicht leugnen, die ihr euch weigert, wie ihr sagt, euch der Kirche anzuschließen, weil jenen, die gefallen sind, durch die Buße die Hoffnung auf Rückkehr gewährt wurde. Aber das ist nur zum Schein vorgeschoben. In

[26] Vgl. Lk. 15,25-32.

Wahrheit war es der Schmerz über das verlorene Bischofsamt, der Novatian dazu getrieben hat, das Schisma herbeizuführen.[27]

86. Aber ihr versteht nicht, dass der Apostel auch in Bezug auf euch prophezeit hat und zu euch sagt: «Und ihr blast euch auf, anstatt vielmehr zu trauern, so dass der, der diese Tat verübt hat, aus eurer Mitte entfernt werde?» (I. Kor. 5,2). Gewiss wird er gänzlich entfernt, nämlich solange seine Sünde getilgt wird; denn der Apostel sagt nicht, dass man den Sünder aus der Kirche ausschließen solle, sondern rät zu seiner Reinigung.

XVI,87. Da also der Apostel die Sünde nachließ, mit welcher Befugnis verweigert ihr den Nachlass? Wer ist ehrfürchtiger gegenüber Christus, Novatian oder Paulus? Aber Paulus wusste, dass der Herr barmherzig ist, er wusste, dass sich der Herr Jesus eher durch die Strenge als durch die Barmherzigkeit seiner Jünger beleidigt fühlte.

88. Als Jakobus und Johannes sagten, sie würden ein Feuer vom Himmel herab fordern, um jene zu verzehren, die den Herrn nicht aufnehmen wollten, wies Jesus sie zurecht: «Ihr wisst nicht, wes Geistes Kinder ihr seid; denn der Menschensohn ist nicht gekommen, die Seelen der Menschen zugrunde zu richten, sondern sie gesund zu machen» (Lk. 9,55-56).[28] Und er sagte zu ihnen:

[27] Dieser Vorwurf findet sich bereits bei Eusebius (h.e. 6.43). Vogt hält ihn für unbegründet (*Coetus*, 56), während Adhémar d'Alès ihn als gerechtfertigt ansieht (A. D'ALÈS, *Novatien. Étude sur la théologie romaine au milieu du III*^{e} *siècle,* Paris, 1925, 149-157).

[28] Die Antwort Jesu wird nur von einigen wenigen Handschriften hinzugefügt, findet sich aber auch in den altlateinischen Texten.

«Ihr wisst nicht, wes Geistes Kinder ihr seid», weil sie seines Geistes waren. Euch aber sagt er: «Ihr seid nicht meines Geistes, die ihr meine Milde nicht haltet, meine Barmherzigkeit abweist und die Buße ausschließt, die ich durch meine Apostel in meinem Namen gepredigt wissen wollte.»

89. Vergeblich behauptet ihr, Buße zu predigen, wo ihr doch die Frucht der Buße beseitigt. Zu ernsthaftem Bemühen werden die Menschen nämlich nur durch Belohnung oder Ertrag angetrieben, und jedes Bemühen erlahmt durch Verzögerung. Aus diesem Grund sagte der Herr, um so die Hingabe der Jünger durch Aussicht auf Ertrag in der Gegenwart zu steigern, dass derjenige, der alles zurückgelassen hat und dem Herrn gefolgt ist, es siebenfach zurückerhalten wird, sowohl hier als auch in der künftigen Welt. Zunächst verheißt er es «hier», um den Widerwillen, der durch Verzögerung entsteht, abzuwehren; dann fügt er «auch in der künftigen Welt» hinzu, damit du lernst, im Hier und Jetzt darauf zu vertrauen, dass dir auch in der künftigen Welt eine Belohnung zuteilwird. Die Belohnung der Gegenwart ist somit ein Zeugnis für jene in der künftigen Welt.

90. Wenn nun jemand, dessen Gewissen mit verborgenen Verbrechen belastet ist, um Christi willen dennoch eifrig Buße tut, wie soll er dann hier etwas empfangen, wenn ihm die Gemeinschaft nicht wiedereröffnet wird? Ich will, dass der Schuldige auf Gnade hoffe, dass er sie mit Tränen und Seufzen erflehe, sie erflehe mit den Tränen des ganzen Volkes, dass er bei allem, was ihm heilig ist, inständigst um Vergebung bitte. Und wenn seine Wiederaufnahme ein zweites und

drittes Mal aufgeschoben wurde, so wisse er, dass er zu nachlässig gefleht hat, so verstärke er sein Weinen, er kehre noch elender zurück, umfasse mit seinen Armen die Füße, bedecke sie mit Küssen, wasche sie mit Tränen und lasse sie nicht los, so dass Jesus auch über ihn sagt: «Seine vielen Sünden sind ihm vergeben, weil er viel geliebt hat» (Lk. 7,47).

91. Ich habe Büßer gesehen, die ihr Gesicht mit Tränen durchfurcht, ihre Wangen mit ununterbrochenem Weinen ausgehöhlt und ihren Körper zu Boden geworfen haben, so dass alle darauf herumtrampeln; ihr vom Fasten stets bleiches Antlitz trug den Anschein eines Leichnams in einem lebendigen Körper.

XVII,92. Was erwarten wir? Dass sie erst als Tote Gnade verdienen, jene, die sich schon zu Lebzeiten den Tod aufgeladen haben? «Für so jemanden», sagt der Apostel, «genügt dieser Tadel, der von vielen ausgesprochen wird, so dass ihr ihm im Gegenteil vielmehr Vergebung und Trost zusprechen solltet, damit er nicht von übermäßiger Trauer verschlungen werde» (II. Kor. 2,6-7). Wenn der Tadel, der von vielen ausgesprochen wird, zur Verurteilung genügt, dann genügt auch das Flehen, das von vielen ausgesprochen wird, zum Nachlass der Sünde. Der sittliche Meister, Kenner unserer Schwäche und Vermittler der göttlichen Liebe, will, dass die Sünde vergeben und der Trost gewährt werde, damit die Trauer, verursacht durch Überdruss angesichts der langen Verzögerung, den Büßer nicht verschlinge.

93. Darum also vergab der Apostel dem Sünder, aber er vergab ihm nicht nur, sondern wollte auch, dass die anderen in der Liebe zu ihm bestärkt würden. Wer liebt,

hat keine Härte in sich, sondern Sanftmut. Und er hat nicht nur selbst vergeben, sondern wollte, dass alle vergeben, und sagte, dass er um der anderen willen vergeben habe, damit nicht viele wegen des einen zu lange betrübt werden. «Wem ihr vergebt», sagt der Apostel, «dem vergebe auch ich; denn auch ich habe vergeben um euretwillen an Christi Statt, damit wir nicht vom Satan hintergangen werden; wir kennen seine Schliche nämlich nur zu gut» (II. Kor. 2,10-11). Derjenige kann sich wohl vor der Schlange hüten, der ihre Schliche zu erkennen vermag, die so zahlreich und zu unserem Schaden sind. Sie will immer schaden, immer hintergehen, um den Tod herbeizuführen. Aber wir müssen uns hüten, dass unser Heilmittel nicht zu ihrem Triumph werde; wir werden nämlich von ihr hintergangen, wenn jemand an übertriebener Trauer zugrunde geht, der durch Nachsicht befreit werden könnte.

94. Und damit wir verstehen, dass er von einem Getauften spricht, fügt er hinzu: «Ich habe euch in meinem Brief geschrieben, dass ihr keinen Umgang mit Hurern haben sollt – damit meine ich natürlich nicht alle Hurer dieser Welt [, sonst müsstet ihr ja die Welt verlassen]» (I. Kor. 5,9-10).[29] Und dann fährt er fort: «Nun aber habe ich euch geschrieben, dass ihr keinen Umgang haben sollt mit jemandem, der sich Bruder nennt, aber in Wahrheit ein Hurer, Habgieriger oder Götzendiener ist» (I. Kor. 5,11). So, wie er diese Sünden zusammenfasst unter der Strafe, so wollte er sie auch gemeinsam der

[29] Ambrosius lässt den zweiten Teil dieses Satzes weg, ohne den der erste jedoch nicht zu verstehen ist.

Vergebung zuführen. «Mit so einem sollt ihr auch keine Tischgemeinschaft haben» (I. Kor. 5,11). Wie streng ist er mit den Unbelehrbaren, wie nachsichtig mit den Flehenden! Gegen jene wird die Beleidigung Christi ins Feld geführt, diesen aber kommt die Anrufung Christi zu Hilfe.

95. Vielleicht wird sich jemand verwirrt fühlen, da geschrieben steht: «Ich habe einen solchen Menschen dem Satan übergeben zum Verderben des Fleisches», und sagen: «Wie konnte er denjenigen der Vergebung zuführen, dessen ganzes Fleisch verdorben war, wo es doch offensichtlich ist, dass der Mensch in beiderlei Hinsicht erlöst und in beiderlei Hinsicht gerettet wird, weder die Seele ohne das Fleisch noch das Fleisch ohne die Seele? Da sie miteinander verbunden sind als Teilhaber derselben Bewegungen und Werke, wie sollten sie nicht dasselbe Los teilen bei Strafe oder Belohnung?» Möge ihm diese Antwort gegeben werden: ‹Verderben› meint nicht die vollständige Vernichtung des Fleisches, sondern dessen Züchtigung. Wie ja auch derjenige, der der Sünde gestorben ist, für Gott lebt, so verderben die Verlockungen des Fleisches, und das Fleisch stirbt seinen Begierden ab, damit es für die Keuschheit und andere gute Werke wiederauflebe.

96. Und welch passenderes Beispiel könnten wir nehmen als das unserer Mutter? Denn die Erde selbst, von der wir genommen sind, scheint öde und verlassen, wenn man ihre Bearbeitung und Pflege aussetzt, und das Feld stirbt den Weinbergen oder Ölbäumen, mit denen es bepflanzt ist, doch seinen eigentlichen Lebenssaft, seine Seele gewissermaßen, verliert es nicht. Wird dann ihre

Pflege wiederaufgenommen und werden ihr die Samenkörner, für die sie geeignet scheint, wieder anvertraut, so erhebt sie sich wieder, noch reicher an Früchten. Es ist somit nichts Seltsames, wenn man auch von unserem Fleisch sagt, dass es verderbe, womit eher gemeint ist, dass es bezwungen denn vernichtet wird.

BUCH II

I,1. Obwohl bereits im ersten Buch vieles geschrieben steht, was der Ermunterung zur Buße dienlich ist, wollen wir, da ja noch reichlich hinzugefügt werden kann, nicht den Eindruck erwecken, wir würden das Mahl unserer Worte gleichsam halbverzehrt verlassen, sondern wollen das begonnene Mahl fortsetzen.

2. Die Buße soll nicht nur sorgfältig, sondern auch frühzeitig getan werden, damit nicht etwa der Hausherr aus dem Evangelium, der einen Feigenbaum in seinem Weinberg gepflanzt hat, komme und, nachdem er an ihm keine Frucht vorgefunden hat, zu seinem Weingärtner spreche: «Hau ihn um! Was soll er weiter den Boden in Beschlag nehmen?» Und hoffentlich müsste der Weingärtner dann nicht eingreifen und sagen: «Herr, lass ihn dieses Jahr noch stehen, bis ich den Boden um ihn herum aufgegraben und mit einem Korb voll Dünger versehen habe; wenn auch das nichts bringt, soll der Feigenbaum gefällt werden» (Lk. 13,6-9).

3. Lasst uns also diesen Acker, den wir besitzen, ebenfalls düngen, und so die fleißigen Bauern nachahmen, die sich nicht zu schade sind, mit fettem Dung die

Erde zu sättigen und mit unreiner Asche den Acker zu bestreuen, um so noch reichere Frucht zu ernten.

4. Und wie wir düngen sollen, lehrt uns der Apostel: «Ich erachte es alles als Dung, damit ich Christus gewinne» (Phil. 3,8), er, der es verdient hat, Christus zu gefallen, «durch schlechten wie durch guten Ruf» (II. Kor. 6,8). Er hat nämlich gelesen, dass Abraham, als er sich als Dung und Asche bekannte, durch diese äußerste Demut Gnade bei Gott fand (vgl. Gen. 18,27). Er hatte gelesen, dass Hiob, der im Dung saß (vgl. Hiob 2,8), alles wiedergewann, was er verloren hatte. Er hatte gelesen, was David prophezeit hat: «Gott richtet den Hilflosen von der Erde auf und erhebt den Armen aus dem Dung» (Ps. 112,7).

5. Wir sollten uns also nicht scheuen, dem Herrn unsere Sünden zu bekennen. Ja, es bedeutet Scham für jeden Einzelnen, seine Verbrechen vorzubringen, aber diese Scham pflügt seinen Acker, entfernt die ständigen Dornen, stutzt die Sträucher und lässt die Früchte, die du schon für abgestorben gehalten hast, wieder neu erblühen. Folge dem, der seinen Acker tüchtig pflügt, um so die ewigen Früchte zu erwerben: «Wir werden verflucht», sagt er, «und wir segnen, wir erleiden Verfolgung und wir halten stand, wir werden verschmäht und wir bitten, wir sind gleichsam zum Abschaum der Welt gemacht worden» (I. Kor. 4,12-13). Wenn auch du auf diese Weise pflügst, wirst du Geistliches säen. Pflüge so, dass du die Sünde wegschaffst und die Frucht erlangst. Der Apostel hat gepflügt, um so die Leidenschaft des Verfolgers in sich auszulöschen. Was hätte Christus uns Stärkeres als Anregung zur Besserung vorlegen können,

als dass er einen Verfolger bekehrte und ihn uns als Lehrer schenkte?

Die Frage der zweiten Buße nach der Taufe

II,6. Obwohl sie also durch das leuchtende Beispiel des Apostels selbst und seiner Schriften widerlegt sind, wollen sie dennoch weiterhin Widerstand leisten und behaupten, dass die Autorität der apostolischen Lehre sie unterstütze, wofür sie folgendes Schriftwort an die Hebräer vorbringen: «Es ist unmöglich, jene, die einmal erleuchtet wurden und die himmlische Gabe gekostet haben, die des Heiligen Geistes teilhaftig geworden sind, die das gute Wort Gottes und die Kräfte der künftigen Welt gekostet haben, dann aber gefallen sind, wiederum zur Buße zu erneuern, da sie den Sohn Gottes erneut kreuzigen und triumphierend zur Schau stellen» (Hebr. 6,4-6).[30]

7. Sollte Paulus etwa gegen sein eigenes Handeln predigen? Er vergab dem Korinther dessen Sünde durch die Buße; wie sollte er hier seinen eigenen Beschluss kritisieren? Da er also nicht zerstören konnte, was er aufgebaut hat, schlussfolgern wir, dass er nicht etwas Gegensätzliches, sondern lediglich etwas anderes gesagt hat. Ist etwas gegensätzlich, so bekämpft es sich selbst; ist es anders, so ist es für gewöhnlich von unterschiedlicher Art. Es handelt sich hier also nicht um Gegensätze, da das eine durch das andere bestätigt wird. Da er über die

[30] Zur Bedeutung dieser Verse für die Bußdebatte siehe Einleitung (I,1)!

vergebende Wirkung der Buße gepredigt hat, durfte er auch nicht über jene schweigen, die meinen, die Taufe könne wiederholt werden. Zunächst musste unsere Sorge zerstreut werden, damit wir gewiss sein können, dass auch denjenigen, die nach der Taufe gesündigt haben, die Sünde vergeben werden kann, damit die trügerische Vorstellung einer wiederholbaren Taufe nicht jene verdirbt, die der Hoffnung auf Vergebung beraubt wurden. Anschließend musste er in vernünftiger Erörterung darlegen, dass die Taufe nicht wiederholt werden kann.

8. Dass er hier aber von der Taufe gesprochen hat, geht aus den Worten selbst hervor, in denen es heißt, es sei unmöglich, jene, «die gefallen sind, zur Buße zu erneuern.» Denn durch die Taufe werden wir erneuert, durch sie werden wir wiedergeboren, wie Paulus selbst sagt: «Denn wir sind gemeinsam mit ihm begraben durch die Taufe in den Tod, auf dass, so wie Christus von den Toten auferstanden ist durch die Herrlichkeit des Vaters, auch wir in der Neuheit des Lebens wandeln» (Röm. 6,4). Und an anderer Stelle: «Werdet erneuert im Geiste eures Verstandes und zieht den neuen Menschen an, der gemäß Gott geschaffen ist» (Eph. 4,23-24). Und anderswo: «Deine Jugend wird erneuert werden wie die eines Adlers» (Ps. 102,5), da ja auch der Adler, wenn er gestorben ist, aus seiner Asche wiedergeboren wird,[31] so werden auch wir durch das Sakrament der Taufe, wenn wir der Sünde gestorben sind, für Gott wiedergeboren und neu erschaffen werden. Er lehrt also die eine Taufe,

[31] Ambrosius scheint hier den Adler mit dem Phönix zu verwechseln.

wie er auch an anderer Stelle sagt: «Ein Glaube, eine Taufe» (Eph. 4,5).

9. Außerdem ist es offensichtlich, dass in demjenigen, der getauft wird, der Sohn Gottes gekreuzigt wird, denn unser Fleisch könnte die Sünde nicht tilgen, wenn es nicht gekreuzigt wäre in Christus Jesus. Deshalb findest du in der Schrift, dass «alle, die wir in Christus Jesus getauft sind, in seinen Tod getauft sind» (Röm. 6,3). Und im Anschluss: «Wenn wir nun, gemeinsam mit ihm eingepflanzt, ihm in seinem Tode ähnlich werden, so werden wir es auch in der Auferstehung sein, wohl wissend, dass unser alter Mensch mit ihm ans Kreuz genagelt ist» (Röm. 6,5-6). Und zu den Kolossern sagt er: «Gemeinsam mit ihm seid ihr in der Taufe begraben, und in ihr seid ihr auch gemeinsam auferstanden» (Kol. 2,12). Dies steht geschrieben, damit wir glauben, dass er selbst in uns gekreuzigt ist, dass unsere Sünden durch ihn reingewaschen werden, dass er persönlich unseren Schuldbrief ans Kreuz geheftet hat, er, der allein Sünden vergeben kann. Er selbst triumphiert in uns über Mächte und Gewalten, wie es ja über ihn geschrieben steht: «Er hat die Mächte und Gewalten zur Schau gestellt und in sich selbst über sie triumphiert» (Kol. 2,15).

10. Wenn er also in besagtem Brief an die Hebräer sagt, es sei unmöglich, die Gefallenen zur Buße zu erneuern, da sie den Sohn Gottes erneut kreuzigen und triumphierend zur Schau stellen, dann will er, dass wir verstehen, dass er über die Taufe spricht, in der wir den Sohn Gottes in uns kreuzigen, damit durch ihn die Welt gekreuzigt werde für uns, die wir in einem gewissen Sinne triumphieren, wenn wir das Abbild des Todes des-

jenigen annehmen, der die Mächte und Gewalten in seinem Kreuz zur Schau gestellt und über sie triumphiert hat, auf dass auch wir im Abbild seines Todes über die Mächte triumphieren, deren Joch wir abschütteln. Christus aber wurde nur einmal gekreuzigt, nur einmal ist er der Sünde gestorben, und deshalb gibt es nur eine, nicht mehrere Taufen.

11. Was aber hat es mit der «Lehre über die Taufen» (Hebr. 6,2) auf sich, die er vorausgeschickt hat? Da es im Gesetz viele Taufen gab, tadelt er zurecht jene, die das Vollkommene verlassen und wieder zu den anfänglichen Grundlagen des Wortes zurückkehren (vgl. Hebr. 5,12-6,1). Er lehrt uns, dass wir wissen müssen, dass sämtliche Taufen des Gesetzes zerstört wurden und dass es unter den Sakramenten der Kirche nur eine Taufe gibt. Er ermahnt uns aber, die Anfangsbedeutung des Wortes hinter uns zu lassen und uns nach dem Vollkommenen auszustrecken: «Und das wollen wir tun,» sagt er, «wenn Gott es zulässt» (Hebr. 6,3). Denn niemand kann vollkommen sein ohne die Gunst Gottes.

12. Demjenigen, der meint, dass hier von der Buße die Rede sei, könnte ich auch sagen: «Was bei den Menschen unmöglich ist, ist bei Gott möglich» (Lk. 18,27). Gott kann uns, wenn er will, unsere Sünden vergeben, auch jene, die wir für unvergebbar halten. Und daher kann Gott uns geben, was uns unerreichbar scheint. Denn es erschien unmöglich, dass Wasser Sünde abwaschen könnte. Auch Naaman der Syrer glaubte nicht, dass sein Aussatz durch Wasser geheilt werden könnte (vgl. IV. Kön. 5). Was aber unmöglich war, hat Gott möglich gemacht, er, der uns so große Gnade geschenkt

hat. Ebenso schien es unmöglich, dass durch die Buße Sünden vergeben werden können. Christus hat dies seinen Apostel zugestanden, und von den Aposteln ist es auf das priesterliche Amt übergegangen. Was für unmöglich gehalten wurde, wurde nun möglich gemacht. Dennoch wird von der Taufe gesagt, dass man sie nicht wiederholen soll, wovon er uns mithilfe der rechten Vernunft überzeugt.

III,13. Der Apostel würde außerdem nicht gegen die offensichtliche Lehre Christi vorgehen, der in Bezug auf den Buße tuenden Sünder einen Vergleich anstellt: Jemand brach in die Fremde auf und verprasste durch ein ausschweifendes Leben den ganzen Besitz, den er von seinem Vater empfangen hatte. Doch später, als er sich von Schoten ernährte, sehnte er sich nach dem Brot im Hause seines Vaters und erwarb das Gewand, den Ring, Schuhe, sogar die Opferung des Kalbs, ein Abbild der Passion unseres Herrn, durch welche uns das himmlische Sakrament geschenkt ist (vgl. Lk. 15,11-24).

14. Aus gutem Grund wird «er brach in die Fremde auf» über denjenigen gesagt, der von den heiligen Altären getrennt war; denn es bedeutet, von jenem himmlischen Jerusalem getrennt zu werden, das sozusagen der öffentliche und private Wohnsitz der Heiligen ist. Daher auch das Wort des Apostels: «Ihr seid nun also nicht mehr Reisende und Fremde, sondern Mitbürger der Heiligen und Hausgenossen Gottes» (Eph. 2,19).

15. «Und er verschwendete», heißt es, «seinen Besitz». Zurecht heißt es so, denn der, dessen Glaube in den Werken lahmt, verschwendet ihn tatsächlich. «Der Glaube ist der Besitz der zu hoffenden Dinge, der Be-

weis der nicht sichtbaren Dinge» (Hebr. 11,1). Und ein guter Besitz ist der Glaube, in dem das Erbe unserer Hoffnung ruht.

16. Es ist auch nicht verwunderlich, wenn derjenige am Hunger zugrunde geht, dem die göttliche Nahrung fehlt. Von Sehnsucht nach dieser gepackt spricht er: «Ich will mich aufmachen und zu meinem Vater gehen und zu ihm sagen: ‹Vater, ich habe gesündigt, gegen den Himmel und vor dir›» (Lk. 15,18). Erkennt ihr denn nicht, dass uns dies ganz klar dargelegt ist, damit wir zum Gebet angetrieben werden, um uns das Sakrament zu verdienen? Und ihr wollt das wegnehmen, dessentwegen man Buße tut? Nimm dem Steuermann die Hoffnung, den Hafen zu erreichen, er wird mitten auf dem Meer unsicher umherirren. Nimm dem Ringer den Siegeskranz, er wird sich in der Arena faul auf den Boden legen. Nimm dem Fischer die Aussicht auf einen erfolgreichen Fang, er wird aufhören, die Netze auszuwerfen. Wie also soll derjenige, der in seiner Seele Hunger leidet, mit echtem Eifer zu Gott beten, wenn er die Hoffnung auf die heilige Nahrung aufgegeben hat?

17. «Ich habe gesündigt», sagt er, «gegen den Himmel und vor dir.» Er bekennt hier zweifellos eine Sünde zum Tode, damit ihr nicht die Meinung vertreten könnt, ein Bußwilliger werde zurecht ausgeschlossen, je nachdem, für welches Verbrechen er Buße tut. Denn derjenige, der gegen den Himmel gesündigt hat, also entweder gegen das Himmelreich oder gegen seine Seele, der begeht eine Sünde zum Tode, und er hat gesündigt vor Gott, zu dem allein gesagt ist: «Gegen dich allein habe ich gesündigt und Böses vor dir getan» (Ps. 50, 6).

18. So schnell erwirbt er die Gnade, dass der Vater dem Ankommenden, als dieser noch weit entfernt war, entgegeneilt und ihm einen Kuss gibt, das Zeichen heiligen Friedens, das Gewand holen lässt, das hochzeitliche Kleidungsstück, ohne das man vom Hochzeitsmahl ausgeschlossen ist, ihm den Ring an die Hand gibt, das Pfand des Glaubens und Siegel des Heiligen Geistes. Er lässt ihm auch Schuhe bringen, denn derjenige, der im Begriff ist, das Passah des Herrn zu feiern und das Lamm zu essen, muss seinen Fuß geschützt halten gegen alle Angriffe geistlicher Raubtiere und den Biss der Schlange. Dann lässt der Vater das Kalb schlachten, denn «als unser Passahlamm ist Christus geopfert worden» (I. Kor. 5,7). Sooft wir nun das Blut des Herrn zu uns nehmen, verkünden wir den Tod des Herrn (vgl. I. Kor. 11,26). Wie er einmal für alle geopfert wurde, so werden uns jedes Mal die Sünden vergeben. Wir nehmen das Sakrament seines Leibes zu uns, damit durch sein Blut der Nachlass der Sünden geschehe.

19. Somit ist durch die Predigt des Herrn aufs Allerklarste geboten, auch diejenigen, die des schwersten Verbrechens schuldig sind, die Gnade des himmlischen Sakraments wieder zu gewähren, sofern sie von ganzem Herzen und mit sichtbarem Bekenntnis für ihre Sünde Buße tun. Woraus sich ohne jeden Zweifel ergibt, dass euch nichts bleibt, was ihr als Entschuldigung vorbringen könntet.

IV,20. Es ist uns aber zugetragen worden, dass ihr auch Folgendes als Einwand zu konstruieren pflegt, denn ihr sagt, dass geschrieben stehe: «Jede Sünde und jede Lästerung wird den Menschen vergeben werden, aber die Lästerung[32] gegen den Geist wird den Menschen nicht vergeben werden. Auch wer ein Wort gegen den Menschensohn sagt, dem wird vergeben werden; wer aber etwas gegen den Heiligen Geist sagt, dem wird nicht vergeben werden, weder in dieser noch in der zukünftigen Welt» (Mt. 12,31-32). Mit diesem Wortlaut wird eure ganze Behauptung zerstört und aufgelöst. Denn es steht geschrieben: «Jede Sünde und Lästerung wird den Menschen vergeben werden.» Warum also vergebt ihr nicht? Warum bindet ihr Fesseln, die ihr nicht löst? Warum knüpft ihr Knoten, die ihr nicht lockert? Vergebt erst einmal allen anderen und dann beschäftigt euch mit denjenigen, die ihr unter Berufung auf das Evangelium als Sünder gegen den Heiligen Geist auf ewig gebunden glaubt.

21. Lasst uns nun aber betrachten, wen der Herr in dieser Weise bindet. Um dies besser zu verstehen, wollen wir uns ins Gedächtnis rufen, was vor der zitierten Textstelle steht. Die Juden sagten: «Nur mit Hilfe von Beelzebub, dem Dämonenfürst, treibt dieser Mann die Dämonen aus» (Mt. 12,24). Jesus antwortete: «Jedes

[32] Entgegen der vorliegenden Edition entscheiden wir uns hier für den (ebenfalls bezeugten) Singular, da dieser nicht nur der biblischen Fassung entspricht, sondern bei der erneuten Wiedergabe (II.4,25) auch von Ambrosius selbst verwendet wird.

Reich, das mit sich selbst entzweit ist, wird zerstört werden, und jede Stadt oder jedes Haus, das mit sich selbst entzweit ist, wird keinen Bestand haben. Wenn nun der Satan den Satan austreibt, dann ist er mit sich selbst entzweit. Wie kann dann sein Reich Bestand haben? Und wenn ich die Dämonen durch Beelzebub austreibe, durch wen treiben sie dann eure Söhne aus?» (Mt. 12,25-27).

22. Wir sehen also, dass von denjenigen die Rede ist, die behaupten, dass der Herr Jesus die Dämonen durch Beelzebub austreibe.[33] Ihnen antwortete der Herr auf besagte Weise, weil das Erbe des Satans in ihnen war, die den Erlöser der Welt mit Satan gleichsetzten und die Gnade Christi im Reich des Teufels ansiedelten. Und damit wir erkennen, dass er von dieser Lästerung sprach, fügte er hinzu: «Ihr Schlangenbrut, wie könnt ihr Gutes reden, da ihr böse seid?» (Mt. 12,34). Er versagt also denjenigen, die so reden, den Zugang der Gnade.

23. Als dann Simon, verkommen durch die wiederholte Ausübung der Zauberkunst, meinte, er könne die Gnade Christi, die durch Handauflegung und Eingießung des Heiligen Geistes erteilt wird, für Geld erwerben, sprach Petrus zu ihm: «Du hast weder Anteil an noch Anrecht auf diesen Glauben, denn dein Herz ist nicht recht vor Gott. Tue also Buße für deine Verdorbenheit und bete zu Gott, ob dir dieser Gedanke deines

[33] In seiner Auslegung des Lukasevangeliums hatte Ambrosius diese Interpretation zwar als die Mehrheitsmeinung bezeichnet, ihr selbst aber nicht zugestimmt, sondern stattdessen die Ansicht vertreten, die Sünde wider den Heiligen Geist bestehe in der Leugnung der Göttlichkeit Christi (Exp. Luc. VII.119-121).

Herzens vielleicht vergeben werde. Denn ich sehe dich in Ungerechtigkeit verstrickt und voll bitterer Galle» (Apg. 8,21-23). Du siehst, dass er diesen Mann, der durch eitle Magie den Heiligen Geist lästert, kraft seiner apostolischen Autorität verurteilt, und zwar umso mehr, weil er das reine Gewissen des Glaubens nicht hatte. Aber dennoch verschloss er ihm nicht die Hoffnung auf Gnade, da er ihn zur Buße einlud.

24. Es handelt sich also um eine Antwort des Herrn auf die Lästerung der Pharisäer. Er verweigerte ihnen den Gnadenerweis seiner Macht, die in der Vergebung der Sünden besteht, da sie seine himmlische Macht für eine unterstützende Hilfe des Teufels hielten. Er erklärte auch, dass diejenigen mit dem teuflischen Geist verkehren, die die Kirche des Herrn spalten. Somit zählte er die Häretiker und Schismatiker aller Zeiten zu denen, denen er die Gnade verweigert, da jede andere Sünde nur Einzelne betrifft, während diese alle einschließt. Es sind diese Leute allein, die Christi Gnade auflösen wollen und die Glieder der Kirche zerstückeln, um deretwillen der Herr Jesus gelitten und uns den Heiligen Geist gegeben hat.

25. Zu guter Letzt, damit ihr wisset, dass er von denjenigen spricht, die auseinandertreiben, finden wir geschrieben: «Wer nicht mit mir ist, ist gegen mich, und wer nicht mit mir sammelt, der treibt auseinander» (Mt. 12,30). Und damit uns klar werde, dass er von diesen spricht, fügt er sogleich hinzu: «Darum sage ich euch: Jede Sünde und jede Lästerung wird den Menschen vergeben werden, aber die Lästerung gegen den Geist wird den Menschen nicht vergeben werden.» Wenn er

sagt: «Darum sage ich euch», ist es dann nicht offensichtlich, dass er wollte, dass die folgenden Worte von uns mehr als die anderen beachtet werden? Aus gutem Grund fügt er an: «Ein guter Baum bringt gute Früchte, aber ein schlechter Baum bringt schlechte Früchte» (Mt. 7,17); denn eine schlechte Gemeinschaft kann keine gute Frucht bringen. So ist der Baum die Gemeinschaft, und die Früchte des guten Baums sind die Kinder der Kirche.

26. So kehret denn zur Kirche zurück, die ihr euch auf gottlose Weise von ihr getrennt habt. Denn allen, die sich bekehren, verheißt er Gnade, wie geschrieben steht: «Jeder, der den Namen des Herrn anruft, wird gerettet werden» (Joel 3,5). Schließlich wird auch das jüdische Volk, das über den Herrn Jesus gesagt hat: «Er hat einen Dämon» (Joh. 10,20), das gesagt hat: «Mit Hilfe von Beelzebub treibt er die Dämonen aus», das seinen Herrn gekreuzigt hat, selbst dieses Volk wird durch die Predigt Petri zur Taufe gerufen, auf dass es die Schuld eines so großen Frevels ablege.

27. Aber was sollte es uns wundern, dass ihr anderen das Heil versagt, da ihr ja euer eigenes ausschlagt, wobei jene, die euch um Buße ersuchen, sich darin in nichts von euch unterscheiden. Ich glaube nämlich, dass selbst Judas aufgrund des unermesslichen Mitgefühls des Herrn nicht von der Gnade ausgeschlossen gewesen wäre, wenn er nicht bei den Juden, sondern bei Christus Buße getan hätte.[34] «Ich habe gesündigt», sagt er, «weil

[34] An dieser Stelle hat Ambrosius sein früheres Urteil leicht entschärft. In seiner Auslegung des Lukasevangeliums hatte er die Buße des Judas noch als vergeblich eingestuft (Exp. Luc. X.94), hier

ich rechtschaffenes Blut verraten habe» (Mt. 27,4). Sie antworteten: «Was geht uns das an? Da sieh du zu!» (Mt. 27,4). Klingt ihr etwa anders, wenn jemand, selbst wenn er nur einer geringfügigen Sünde schuldig ist, euch seine Tat bekennt? Was antwortet ihr anderes als: «Was geht uns das an? Da sieh du zu!» Solcher Rede folgt der Strick, eine Strafe umso grausamer, je geringer die Schuld ist.

[28. Aber wenn diese sich nicht bekehren, so bekehret ihr euch wenigstens, die ihr auf die eine oder andere Weise gefallen seid von der erhabenen Zinne der Unschuld und des Glaubens. Wir haben einen guten Herrn, der allen vergeben wollen würde, der dich durch den Propheten gerufen hat: «Ich bin es, ich bin es, der deine Übertretungen tilgt, und ich werde ihrer nicht gedenken. Du aber sei ihrer eingedenk, dann wollen wir gemeinsam urteilen» (Jes. 43,25-26).][35]

Das Wörtchen ‹vielleicht›

V,29. Sie stellen aber auch noch eine Frage in Bezug auf die Worte des Apostels Petrus in den Raum. Weil er «ob vielleicht» sagte, meinen sie, Petrus habe nicht versichert, dass dem Büßer die Sünde vergeben werde. Aber sie sollten bedenken, über wen er so redet, nämlich

nun hält er sie für möglich, sofern er Christus darum ersucht hätte (vgl. Einleitung II,1).

[35] Der eingeklammerte Textabschnitt findet sich in identischer Form weiter unten (II.6,40), wo er sich inhaltlich weitaus besser in den Kontext fügt. Es handelt sich vermutlich um einen Abschreibfehler.

über Simon, der nicht aus dem Glauben heraus dachte, sondern eine raffinierte List ersonnen hatte. Schließlich sprach auch der Herr zu demjenigen, der zu ihm sagte: «Ich will dir folgen» (Mt. 8,19), dessen mangelnde Ernsthaftigkeit er aber erkannte: «Die Füchse haben Höhlen» (Mt. 8,20). Der Herr hat also jemandem, der noch nicht getauft war, untersagt, ihm zu folgen, da er ihn als unaufrichtig erkannte; und du wunderst dich, dass der Apostel denjenigen nicht losspricht, der nach der Taufe abfiel[36] und von dem er ausdrücklich erklärt, er werde «in Ungerechtigkeit verstrickt» bleiben?

30. Dies sei ihnen als Antwort genug. Was mich betrifft, so sage ich, dass Petrus nicht gezweifelt hat, und ich glaube auch nicht, dass ein so bedeutender Sachverhalt durch die vorgefasste Meinung bezüglich eines einzelnen Wortes abgewürgt werden sollte. Denn wenn sie meinen, dass Petrus gezweifelt habe, hat dann etwa auch Gott gezweifelt, als er zum Propheten Jeremia sprach: «Stell dich in den Vorhof des Hauses des Herrn, und du wirst ganz Juda Antwort geben, denen, die kommen, um im Hause des Herrn anzubeten, alle Worte, die ich dir ihnen zu antworten aufgetragen habe; lass kein Wort aus! Vielleicht werden sie hören und sich bekehren» (Jer. 26,2-3). Sollen sie ruhig sagen, dass auch Gott nicht gewusst habe, was geschehen würde.

31. Aber es ist nicht Unwissenheit, die sich in diesem Worte ausdrückt. Vielmehr stoßen wir in den göttlichen Schriften häufig auf ein derartiges Vorgehen, weil ihre Ausdrucksweise einfach sein soll, so ja auch, wenn der

[36] Nach Apg. 8,13 hatte sich Simon taufen lassen.

Herr zu Hesekiel sagt: «Menschensohn, ich sende dich zum Hause Israel, zu denen, die mich zornig machen, sie und ihre Väter, bis zum heutigen Tag, und du wirst ihnen sagen: So spricht der Herr, auf dass sie vielleicht hören und erschrecken werden» (Hes. 2,3–5). Wusste er also nicht, ob sie sich bekehren könnten oder nicht? Diese Ausdruckweise ist also nicht immer als Zweifel zu verstehen.

32. Überdies verwenden auch die Weisen dieser Welt, die ihre ganze Ehre in die richtige Wortwahl setzen, das lateinische ‹forte› bzw. das griechische ‹τάχα› nicht überall als Ausdruck des Zweifels. So sagen sie, dass der erste unter ihren Dichtern[37] formuliert habe: «ἤ τάχα χήρη», also «Ich werde bald Witwe sein»[38], und an anderer Stelle: «τάχα γάρ σε κατακτανέουσιν Ἀχαιοί πάντες ἐφορμηθέντες.»[39] Er zweifelte natürlich nicht daran, dass, wenn alle gemeinsam heranstürmen, ein Einzelner leicht von der Masse niedergeworfen werden könne.

33. Aber lasst uns lieber unsere eigenen Autoren zu Rate ziehen als fremde. Schließlich findest du im Evangelium, dass der Sohn selbst über den Vater sagt, dass

[37] Die folgenden Zitate stammen aus Homers Ilias (Z 408-410). Der gesamte Abschnitt lautet wie folgt:
δαιμόνιε, φθίσει σε τό σόν μένος, ούδ‘ έλεαίρεις
παΐδά τε νηπίαχον καΐ ίμ* άμμορον, ή τάχα χήρη
σεϋ έσομαι’ τάχα γάρ σε κατακτανέουσιν ‘Αχαιοί
πάντες έφορμηθέντες·

[38] Dadurch, dass Ambrosius das griechische ‹τάχα› hier nicht mit ‹forte›, sondern mit ‹cito› übersetzt, tut er seiner eigenen Argumentation keinen Gefallen.

[39] «Denn dich morden bald die Achaier, alle stürmen sie gegen dich!»

dieser, als er seine Diener zum Weinberg geschickt hatte, wo diese umkamen, sprach: «Ich werde meinen allerliebsten Sohn schicken, vielleicht werden sie vor ihm Respekt haben» (Lk. 20,13). Und an anderer Stelle sagt der Sohn über sich selbst: «Ihr kennt weder mich noch meinen Vater; denn wenn ihr mich kennen würdet, dann würdet ihr vielleicht auch meinen Vater kennen» (Joh. 8,19).[40]

34. Wenn also Petrus diese Worte benutzt, die auch Gott benutzt hat – und zwar unbeschadet seines Wissens –, warum sollten wir nicht annehmen, dass auch Petrus diese Worte unbeschadet seines Glaubens benutzt? Er konnte ja keinen Zweifel haben am Geschenk Christi, der ihm die Vollmacht, Sünden zu lösen, verliehen hatte, insbesondere, da er den Tricks der Häretiker keinen Raum geben durfte, die nur deshalb die Hoffnung der Menschen zunichte machen wollen, um so mit ihrer Lehre von der Taufwiederholung bei den Verzweifelten leichter Zugang zu finden.

Der Wert des Weinens

35. Da die Apostel aber die Lehre gemäß den Worten Christi bewahrten, haben sie Buße gelehrt, Gnade versichert und Schuld vergeben, wie es auch David lehrte: «Selig jene, deren Unrecht vergeben und deren Sünden

[40] Eine Entsprechung zu *forsitan* gibt es im griechischen Text nicht, allerdings findet sich der Begriff in einigen lateinischen Handschriften (vgl. Vetus Latina. Die Reste der altlateinischen Bibel 19/2, Evangelium secundum Iohannem: Jo 4,49–9,41, herausgegeben von Philip Burton, Freiburg 2013, 561) sowie in der Vulgata.

bedeckt sind; selig der Mensch, dem der Herr die Schuld nicht angerechnet hat» (Ps. 31,1-2). Er preist beide selig, sowohl denjenigen, dessen Unrecht durch die Taufe vergeben wird, als auch denjenigen, dessen Sünde durch gute Werke bedeckt ist. Wer nämlich Buße tut, muss nicht nur seine Sünde mit Tränen abwaschen, sondern auch seine früheren Vergehen mit Werken der Genugtuung verhüllen und bedecken, damit ihm die Sünde nicht angerechnet werde.

36. Bedecken wir also unsere Fehltritte durch nachträgliche Werke, reinigen wir uns durch Tränen, so dass der Herr unser Gott unser Seufzen hört, wie er auch Ephraim weinen hörte, denn es steht geschrieben, dass Gott gesagt hat: «Ich habe wohl gehört, wie Ephraim klagt» (Jer. 38,18). Und er nennt ausdrücklich die genauen Worte des klagenden Ephraim: «Du hast mich gezüchtigt, und ich wurde gezüchtigt, ich bin ungezähmt wie ein Kalb» (Jer. 38,18). Denn ein Kalb ist verspielt und verlässt die Krippe, und so ist auch Ephraim ungezähmt wie ein Kalb, weit entfernt von der Krippe, weil Ephraim die Krippe des Herrn verlassen und Jerobeam folgend Kälber angebetet hat (vgl. III. Kön. 12,28-33), wie durch Aaron prophetisch vorausgesagt worden war, dass das Volk der Juden auf diese Weise fallen würde (vgl. Ex. 32,1-6). Darum tut Ephraim Buße und spricht: «Bekehre mich, so will ich mich bekehren, denn du bist mein Herr! In den letzten Tagen meiner Gefangenschaft habe ich Buße getan und, nachdem ich gewahr wurde, geseufzt über die Tage der Verwirrung und mich dir unterworfen, denn ich habe meine Schande akzeptiert und dich kundgetan» (Jer. 38,18-19).

37. Wir sehen hier, wie Buße zu tun ist, mit welchen Worten, mit welchen Tränen; wir sehen, dass die Tage der Sünde Tage der Verwirrung genannt werden, denn es ist Verwirrung, wenn Christus verleugnet wird.

38. Unterwerfen wir uns also Gott, seien wir nicht der Sünde untertan! Lasst uns, wenn wir in der Erinnerung unsere Vergehen betrachten, darüber erröten wie bei einer tiefen Schande und sie nicht wie eine Auszeichnung vor uns hertragen, wie manche Leute, die sich rühmen, die Keuschheit überwunden und die Gerechtigkeit unterdrückt zu haben. Und lasst die Bekehrung von solcher Größe sein, dass wir, die wir Gott einst nicht erkannten, ihn nunmehr anderen kundtun, auf dass der Herr, bewegt von einer solchen Bekehrung unsererseits, antworten möge: «Ephraim, du bist mein geliebter Sohn, wie ein Lieblingskind bist du für mich. Da meine Worte in ihm sind, werde ich mich seiner im Gedenken erinnern. Deshalb bin ich zu ihm geeilt und werde mich seiner in Barmherzigkeit erbarmen, spricht der Herr» (Jer. 38,20).[41]

39. Welche Art von Barmherzigkeit er uns aber verspricht, das offenbart er im Anschluss: «Ich habe jede dürstende Seele getränkt und jede hungernde Seele gesättigt. Darum erhob ich mich und sah, und mein Schlaf ist mir angenehm» (Jer. 31, 25-26). Wir ersehen daraus, dass der Herr den Sündern seine Sakramente verheißt. Und daher wollen wir uns alle zum Herrn bekennen.

[41] Ambrosius zieht hier das «a iuventute» aus Vers 19 irrtümlich in den folgenden Vers hinein.

VI,40. Aber wenn diese sich nicht bekehren, so bekehret ihr euch wenigstens, die ihr auf die eine oder andere Weise gefallen seid von der erhabenen Zinne der Unschuld und des Glaubens. Wir haben einen guten Herrn, der gerne allen vergeben würde, der dich durch den Propheten gerufen hat: «Ich bin es, ich bin es, der deine Übertretungen tilgt, und ich werde ihrer nicht gedenken. Du aber sei ihrer eingedenk, dann wollen wir gemeinsam urteilen» (Jes. 43,25-26). «Ich», sagt er, «werde nicht gedenken, du aber sei eingedenk», das heißt: «Ich hole die Sünden, die ich dir vergeben habe, nicht wieder hervor, sie sind gewissermaßen durch das Vergessen bedeckt; du aber sei ihrer eingedenk.» «Ich», sagt er, «werde nicht gedenken um der Gnade willen, du aber sei eingedenk um der Besserung willen, sei eingedenk, so dass du wissest, dass die Sünde vergeben ist, damit du dich nicht rühmest, als seist du unschuldig, damit du nicht alles noch schlimmer machst, indem du dich selbst rechtfertigst. Willst du aber gerechtfertigt werden, so bekenne deine Sünde! Denn das beschämte Bekenntnis der Sünden löst die Schlingen des Verbrechens.»

41. Du siehst also, was Gott, dein Gott, von dir fordert, nämlich, dass du seiner Gnade, die du empfangen hast, eingedenk bist und dich nicht rühmest, als hättest du nicht empfangen. Du siehst, wie er dich durch die Zusage der Vergebung zum Bekenntnis ruft. Sieh zu, dass du nicht durch Widerstand gegen die himmlischen Gebote in die Gottlosigkeit der Juden verfällst, zu denen der Herr Jesus sagt: «Wir haben für euch gespielt, und ihr habt nicht getanzt, wir haben geklagt, und ihr habt nicht geweint» (Lk. 7,32).

42. Die Aussage ist banal, das Mysterium ist es nicht. Und darum muss man sich vorsehen, damit nicht jemand, durch ein gewöhnliches Verständnis dieser Aussage getäuscht, meine, uns seien die gekünstelten Bewegungen eines schlüpfrigen Tanzes und die Possen der Theaterbühne anbefohlen; diese sind auch im jugendlichen Alter lasterhaft. Stattdessen ordnet er einen Tanz an, wie David ihn tanzte vor der Lade des Herrn (Vgl. II. Kön. 6,12-23). Alles ist angemessen, was der Frömmigkeit dient, so dass wir uns keines Dienstes schämen müssen, der auf die Anbetung und Verehrung Christi ausgerichtet ist.

43. Gepredigt wird also nicht der Tanz als Begleiter der Lust und der Ausschweifung, sondern der Tanz, durch den man seinen rastlosen Körper aufrichtet und die müden Glieder nicht auf dem Boden liegen oder in den eingetretenen Pfaden verharren lässt. Paulus vollführte einen geistlichen Tanz, als er sich – vergessend, was hinter ihm lag, ersehnend, was vor ihm lag – für uns ausstreckte und trachtete nach dem Siegespreis Christi (vgl. Phil. 3,13-14). Auch du wirst, wenn du zur Taufe kommst, aufgefordert, deine Hände zu erheben und deine Füße, mit denen du zur Ewigkeit emporsteigst, schneller zu bewegen. Das ist der Tanz als Partner des Glaubens, als Begleiter der Gnade.

44. Das also ist das Mysterium: Wir haben für euch gespielt, nämlich das Lied des Neuen Testaments, und ihr habt nicht getanzt, das heißt: Ihr habt eure Seele nicht erhoben zur geistlichen Gnade. Wir haben geklagt, und ihr habt nicht geweint, das heißt: ihr habt nicht Buße getan. Das ist auch der Grund, warum das

Volk der Juden verworfen wurde, weil es die Buße nicht getan und die Gnade nicht angenommen hat – durch Johannes kam die Buße, durch Christus die Gnade. Letztere schenkt der Herr, erstere verkündet der Diener. Die Kirche nun wahrt beides, so dass sie sich die Gnade zu eigen macht, ohne die Buße zu verwerfen. Denn Gnade ist das Geschenk des Freigiebigen, Buße die Arznei des Sünders.

45. Jeremia wusste, was für eine starke Arznei die Buße war, die er in seinen Klageliedern für Jerusalem auf sich nahm, und lässt Jerusalem selbst als Büßende auftreten: «Sie weint und weint des Nachts, die Tränen laufen ihr über die Wangen und keiner ist da, sie zu trösten, keiner unter all denen, die sie lieb haben. Die Straßen Zions trauern» (Klgl. 1,2/4). Und er fügte hinzu: «Darüber weine ich, meine Augen wurden trübe vom Weinen, denn fern von mir ist mein Tröster» (Klgl. 1,16). Wir sehen also, dass er dies als den bitteren Gipfel seiner Leiden empfand, dass derjenige fehlte, der die Trauernde tröstet. Wie könnt ihr also eben diesen Trost wegnehmen, die ihr die Hoffnung auf die befreiende Buße versagt?

46. Diejenigen aber, die Buße tun, sollen hören, wie diese zu tun ist, mit welchem Eifer, welcher Leidenschaft, welcher Geisteshaltung, welcher Erschütterung der Eingeweide, welcher Herzensumkehr: «Siehe, Herr», spricht er, «in welcher Bedrängnis ich bin, mir dreht sich der Magen um vor lauter Weinen, mein Herz wendet sich um in mir» (Klgl. 1,20).

47. Du hast die Einstellung der Seele erkannt, ebenso den Glauben des Geistes; nun erkenne die Haltung des

Körpers! «Es sitzen auf der Erde die Ältesten der Tochter Zion und sind verstummt», heißt es. «Sie haben Erde auf ihr Haupt gestreut, sich umgürtet mit Bußgewändern, die vornehmen Mädchen Jerusalems haben sie zu Boden geworfen. Meine Augen sind ermüdet vom Weinen, sie sind trübe geworden, mir dreht sich der Magen um, verschüttet über die Erde ist mein Ruhm» (Klgl. 2,10-11).

48. So weinte auch das Volk Ninives und entrann der angekündigten Vernichtung ihrer Stadt. So stark ist nämlich die Arznei der Buße, dass Gott sogar seinen Entschluss zu ändern scheint. Es liegt also in deiner Macht, seinem Urteil zu entrinnen. Der Herr will, dass man ihn bittet, seine Hoffnung auf ihn setzt, ihn um Gnade anruft. Du bist ein Mensch und willst gebeten werden, damit du verzeihst, und du meinst, Gott würde dir verzeihen, ohne dass du ihn bittest?

49. Der Herr selbst hat über die Stadt Jerusalem geweint, auf dass sie, die selbst nicht weinen wollte, durch die Tränen des Herrn zur Gnade gelangen würde. Er will, dass wir weinen, auf dass wir dem Urteil entgehen mögen, wie du es im Evangelium geschrieben findest: «Töchter Jerusalems, weint nicht über mich, weint vielmehr über euch selbst!» (Lk. 23,28).

50. David hat geweint und erwirkte dadurch, dass die göttliche Barmherzigkeit dem Sterben des zugrunde gehenden Volkes ein Ende setzte. Drei Möglichkeiten wurden ihm zur Wahl gegeben, und er wählte diejenige, bei der er am meisten auf das Mitgefühl des Herrn hoffen durfte (vgl. II. Kön. 24). Was schämst du dich also, über deine Sünden zu weinen, wo doch Gott sogar den Propheten befiehlt, für die Völker zu weinen?

51. So wurde auch Hesekiel befohlen, über Jerusalem zu weinen, und er empfing das Buch, auf dessen Titelseite geschrieben stand «Klage, Gesang und Wehe» (Hes. 2,9-10)[42], zwei traurige Dinge, eines erfreulich, weil ja derjenige in der künftigen Welt errettet wird, der in dieser Welt viel geweint hat. Denn «das Herz der Weisen ist im Haus der Trauer, und das Herz der Toren im Haus des Festmahls» (Eccl. 7,4). Und der Herr selbst sagt: «Selig seid ihr, die ihr jetzt weint, denn ihr werdet lachen» (Lk. 6,2).

VII,52. Lasst uns also weinen in der Zeit, dann werden wir jubeln in der Ewigkeit. Lasst uns den Herrn fürchten, wir wollen ihm zuvorkommen mit dem Bekenntnis unserer Sünden, wir wollen unsere Fehler bessern, unsere Irrtümer berichtigen, damit nicht auch über uns gesagt werde: «Weh' mir, meine Seele, denn verschwunden von der Erde ist der Gottesfürchtige, und unter den Menschen findet sich keiner, der sich bessern möchte» (Mich. 7,1-2).

53. Was scheust Du Dich, einem guten Herrn deine Untaten zu bekennen? «Nenne», heißt es, «deine Untaten, auf dass du gerechtfertigt werdest!» (Jes. 43,26). Wer sich noch im Stand der Schuld befindet, dem wird der Lohn der Rechtfertigung in Aussicht gestellt; denn derjenige wird gerechtfertigt, der das eigene Verbrechen von selbst erkennt. Schließlich «ist der Gerechte sein eigener Ankläger zu Beginn der Rede» (Prov. 18,17). Der

[42] Ambrosius versteht den Begriff «melos / μέλος», den er in der Septuaginta vorfindet, als fröhlichen Gesang, der sich somit von den beiden übrigen Begriffen abhebt, während im masoretischen Text alle drei Wörter eindeutig negativ aufzufassen sind.

Herr weiß alles, aber er wartet auf deine Stimme, nicht um zu strafen, sondern um zu vergeben. Er will nicht, dass der Teufel sein Spiel mit dir treibt und dich dafür anklagt, dass du deine Sünden verheimlichst. Komm deinem Ankläger zuvor! Wenn du dich selbst anklagst, brauchst du keinen Ankläger zu fürchten. Wenn du dich selbst anzeigst, wirst du wieder erwachen, auch wenn du stirbst.

Das Zeichen des Lazarus

54. Christus wird zu deinem Grabe kommen, und wenn er sieht, wie Martha, die Frau des treuen Dienstes, ebenso um dich weint wie Maria, die, der heiligen Kirche gleich, aufmerksam dem Wort Gottes lauschte und den besten Teil erwählte, dann wird er von Mitleid gerührt werden. Wenn er die Tränen sieht, die angesichts deines Ablebens von so vielen vergossen werden, wird er sagen: «Wo habt ihr ihn hingelegt?» (Joh. 11,34), anders ausgedrückt: «In welchem Stand der Schuld befindet er sich, auf welcher Stufe der Büßer? Ich will denjenigen sehen, um den ihr weint, damit er selbst mich rühre durch seine Tränen. Ich will sehen, ob er der Sünde, für welche Gnade erbeten wird, schon gestorben ist.»

55. Das Volk sagt zu ihm «Komm und sieh!» (Joh. 11,34). Was heißt «komm»? Es heißt: Kommen soll die Vergebung der Sünden, das Leben der Verstorbenen, die Auferstehung der Toten, dein Reich komme auch zu diesem Sünder.

56. Und so wird er kommen und befehlen, den Stein zu heben, den sich der Sünder durch seinen Fall ins Ge-

nick gelegt hat. Er hätte dem Stein befehlen können, sich zu entfernen; denn auch die unbeseelte Natur pflegt Christus zu gehorchen. Er hätte den Grabstein mit der lautlosen Kraft einer verborgenen Handlung wegschaffen können, er, bei dessen Passion sich durch plötzlich in Bewegung geratene Steine zahlreiche Gräber der Verstorbenen öffneten. Aber er befahl den Menschen, den Stein zu entfernen, in Wirklichkeit zwar, damit die Ungläubigen glauben, was sie sehen, wenn sie den Toten auferstehen sehen; im Bilde aber, weil er uns gewähren wollte, die Bürde der Sünden zu erleichtern, die wie ein schweres Gewicht auf den Schuldigen lastet. Uns kommt es zu, die Bürde zu entfernen, ihm kommt es zu wiederzuerwecken, diejenigen aus ihren Gräbern zu führen, die ihre Fesseln abgelegt haben.

57. Und so weint der Herr Jesus angesichts der schweren Bürde des Sünders; denn er erträgt es nicht, dass die Kirche allein weint, er hat Mitleid mit seiner geliebten Braut und sagt zu dem Verstorbenen: «Komm heraus!» (Joh. 11,43), das bedeutet: «Du, der du in der Finsternis des Gewissens und im Schmutz deiner Sünden liegst, in diesem Kerker der Schuldigen, komm heraus, trag vor deine Sünde, auf dass du gerechtfertigt werdest.» Denn «aus dem Munde kommt das Bekenntnis, das zum Heil führt» (Röm. 10,10).

58. Wenn du, von Christus gerufen, dein Bekenntnis abgelegt hast, dann werden die Gitterstäbe durchbrochen, sämtliche Fesseln werden sich lösen, mag der Gestank der körperlichen Verwesung auch stark sein. Denn Lazarus hatte vier Tage im Grab gelegen, und sein Fleisch stank bereits. Er aber, dessen Fleisch die Verwe-

sung nicht schaute, lag nur drei Tage im Grab; denn die Laster des Fleisches, das aus Stoffen der vier Elemente besteht, kannte er nicht. Wie stark der Gestank des Leichnams auch sein mag, er wird vollständig beseitigt, sobald das heilige Salböl seinen Duft verströmt. Der Tote steht auf, und jenen, die noch in der Sünde gefangen sind, wird befohlen, seine Fesseln zu lösen und den Schleier von seinem Gesicht zu nehmen, durch den die Wahrheit der Gnade, die er empfangen hatte, verhüllt wurde. Aber der Befehl, das Antlitz zu enthüllen, das Gesicht offenzulegen, erging, weil ihm die Gnade geschenkt wurde; denn der hat keinen Grund mehr zu erröten, dem die Sünde erlassen ist.

59. Bei einem solchen Gnadenerweis des Herrn, bei einem solchen Wunder göttlicher Gunst, wenn doch eigentlich alle fröhlich sein sollten, da empörten sich die Gottlosen und beriefen eine Versammlung gegen Christus ein (vgl. Joh. 11,46-57); Lazarus wollten sie ebenfalls umbringen (vgl. Joh. 12,10-11). Erkennt ihr denn nicht, dass ihr die verdiente Nachfolge dieser Leute antreten werdet, deren Härte ihr geerbt habt? Denn auch ihr empört euch und beruft eine Versammlung gegen die Kirche ein, weil ihr seht, dass die Toten in der Kirche wieder lebendig werden und durch die gewährte Sündenvergebung wiedererweckt werden. Wenn es nach euch ginge, würdet ihr die Erweckten aus Neid erneut umbringen.

60. Doch Jesus widerruft seine Wohltaten nicht, im Gegenteil: Er erweitert sie durch ein Übermaß an Freigiebigkeit. Voller Sorge sucht er den Wiedererweckten auf und kommt, hocherfreut über die Gnade der feier-

lichen Auferstehung, zu dem Mahl, das ihm seine Kirche bereitet hat, bei dem auch jener, der einst tot war, unter den Tischgenossen Christi zu finden ist (vgl. Joh. 12,1-2).

61. Dann staunen alle, jedenfalls alle, die mit dem reinen Blick des Geistes schauen, die keinen Neid kennen – denn solche Kinder hat die Kirche –, sie staunen, sage ich, dass jener, der gestern und vorgestern noch im Grab lag, nun unter den Tischgenossen des Herrn Jesus ist.

62. Maria selbst gießt das Salböl auf die Füße des Herrn Jesus, auf die Füße wohl deshalb, weil es einer der Schwachen war, der dem Tod entrissen wurde; zwar sind wir alle der Leib Christi, doch sind andere wohl erhabenere Glieder. Der Mund Christi war der Apostel, der sprach: «Ihr fordert einen Beweis für den, der durch mich spricht, für Christus?» (II. Kor. 13,3). Sein Mund waren die Propheten, durch die er über künftige Ereignisse sprach. Könnte ich doch nur sein Fuß sein, dann würde Maria das kostbare Salböl über mich gießen und so die Sünde abwaschen!

63. Was wir nun von Lazarus lesen, darauf müssen wir bei jedem bekehrten Sünder vertrauen: Er mag stinken, aber er wird gereinigt durch das kostbare Salböl des Glaubens. Denn von solch großer Macht ist der Glaube, dass er dort, wo tags zuvor noch Leichengeruch herrschte, das ganze Haus nun voll von Wohlgeruch ist.

64. Es stank, das Haus von Korinth, als über es geschrieben wurde: «Man hört von einer solchen Unzucht unter euch, wie es sie nicht mal unter den Heiden gibt» (I. Kor. 5,1). Es stank, denn ein kleines Stück Sauerteig

hatte den ganzen Teig verdorben. Ein Wohlgeruch begann sich auszubreiten, als gesagt wurde: «Wenn ihr jemandem etwas vergeben habt, dann auch ich; denn auch ich habe das, was ich vergeben habe, um euretwillen vergeben an Christi statt» (II. Kor. 2,10). Und so herrschte dort große Freude über den befreiten Sünder, und das ganze Haus duftete nach süßer Gnade. Deshalb konnte der Apostel, wohl bewusst, dass er alle mit dem Salböl des apostolischen Nachlasses begossen hatte, sagen: «Wir sind der Wohlgeruch Christi vor Gott bei denen, die gerettet werden» (II. Kor. 2,15).

65. Beim Ausgießen des Salböls freuten sich alle, nur Judas widersprach (vgl. Joh. 12,4-5). So widerspricht auch jetzt der Abtrünnige, es tadelt der Verräter. Aber er selbst ist es, der von Christus getadelt wird, weil er das Heilmittel, das im Tode des Herrn liegt, nicht kennt, und das Geheimnis eines Begräbnisses solcher Größe nicht versteht. Der Herr hat ja deshalb gelitten und ist gestorben, um uns vom Tode zu erlösen. Dies hielt er für den erhabensten Wert seines Todes, durch den der Sünder losgesprochen und zu neuer Gnade aufgenommen wird, so dass alle kommen und staunen, dass er mit Christus zu Tische sitzt, und den Herrn loben mit den Worten: «Wir wollen essen und feiern, denn dieser war tot und ist wieder lebendig geworden, er war verloren und wurde gefunden» (Lk. 15,23-24). Falls aber ein Ungläubiger einwenden sollte: «Warum isst er mit Zöllnern und Sündern?» (Mt. 9,11), so wird ihm geantwortet: «Nicht die Gesunden bedürfen des Arztes, sondern die Kranken» (Mt. 9,12).

VIII,66. Zeige also dem Arzt deine Wunde, damit du geheilt werden kannst. Zwar kennt er sie auch dann, wenn du sie ihm nicht zeigst, aber er will es von dir hören, mit deiner Stimme. Beseitige deine Narben mit Tränen. So hat jene Frau aus dem Evangelium ihre Sünde und den Gestank ihrer Verirrung beseitigt sowie ihre Schuld gereinigt, als sie die Füße Jesu mit ihren Tränen wusch.

67. Würdest du, Jesus, doch auch mir gewähren, deine Füße zu waschen, die du beschmutzt hast, seit du in mir wandelst! Würdest du mir doch gestatten, den Schmutz von deinen Füßen zu entfernen, den ich durch mein Handeln deinen Schritten angeheftet habe! Aber woher sollte ich lebendiges Wasser nehmen, um damit deine Füße zu waschen? Wenn ich auch kein Wasser habe, so habe ich Tränen. Könnte ich doch, während ich mit diesen deine Füße wasche, auch mich selbst reinigen! Wie soll es mir geschehen, dass du über mich sagst: «Seine vielen Sünden sind ihm vergeben, weil er viel geliebt hat?» (Lk. 7,47).[43] Ich bekenne, dass meine Schuld größer ist und dass mir mehr vergeben wurde, der ich aus dem Getöse gerichtlicher Streitfälle und dem Schrecken öffentlicher Verwaltung ins Priesteramt gerufen wurde. Eben deshalb fürchte ich, dass ich als undankbar befunden werde, wenn ich, dem mehr vergeben wurde, weniger liebe.

[43] Im Lateinischen ist nicht zu unterscheiden, ob hier von einem Mann oder einer Frau die Rede ist.

68. Aber ich kann nicht alle auf eine Stufe mit dieser Frau stellen, die verdientermaßen sogar dem Simon vorgezogen wurde, der doch dem Herrn ein Mahl bereitet hatte (vgl. Lk. 7,36/44-46). Sie vermittelte allen, die Vergebung erlangen wollen, eine Lektion, indem sie die Füße Christi küsste, mit ihren Tränen wusch, mit ihren Haaren trocknete und mit Öl salbte.

69. Im Kuss liegt das Zeichen der Liebe, und deshalb sagt der Herr Jesus höchstselbst: «Sie soll mich küssen mit einem Kuss ihres Mundes» (Hld. 1,2). Welche Bedeutung haben die Haare, außer dass du erkennst, dass Gnade durch den Verzicht jeglicher Würde weltlichen Haarschmucks erfleht werden muss, dass du dich selbst weinend zu Boden werfen sollst und dort liegend das Erbarmen erwirken sollst? Das Salböl wiederum stellt den Duft positiver Umkehr dar. Denn David war König und doch sagte er: «Durchtränken werde ich jede einzelne Nacht mein Bett, mit Tränen werde ich mein Lager bewässern» (Ps. 6,7), weshalb er eine solche Gnade erwarb, dass aus seiner Familie die Jungfrau erwählt wurde, die uns Christus gebar. Auch deshalb wird die oben genannte Frau im Evangelium gepriesen.

70. Dennoch: Wenn wir ihr auch nicht gleichkommen können, so weiß der Herr Jesus auch den Schwachen zu Hilfe zu kommen. Wo es niemanden gibt, der ein Mahl bereiten, Salböl beschaffen oder einen Quell lebendigen Wassers mit sich tragen kann, da kommt er persönlich zum Grab.

71. O Herr Jesus, würdest du doch mein Grab eines Besuches für würdig erachten und mich mit deinen Tränen reinwaschen, denn in meinen verhärteten Augen

habe ich nicht genug Tränen, als dass ich damit meine Sünden abwaschen könnte. Wenn du für mich weinst, werde ich gerettet. Bin ich deiner Tränen wert, werde ich den Gestank aller meiner Sünden loswerden. Bin ich es wert, dass du ein bisschen über mich weinst, dann wirst du mich aus dem Grab dieses Leibes rufen mit den Worten: «Komm heraus!», so dass meine Gedanken nicht mehr in der Enge dieses Leibes verschlossen gehalten werden, sondern herausgehen zu Christus und im Lichte wandeln, so dass ich nicht mehr auf Werke der Finsternis sinne, sondern auf Werke des Lichts. Denn wer auf Sünde sinnt, der arbeitet darauf hin, sich in seinem eigenen Bewusstsein einzuschließen.

72. Rufe also deinen Diener heraus! Wenn auch gebunden durch die Fesseln meiner Sünden, an den Füßen gefesselt, die Hände verstrickt und bereits begraben in Gedanken und Werken des Todes, werde ich doch auf deinen Ruf hin frei heraustreten und bei deinem Festmahl unter den Tischgenossen zu finden sein. Und dein Haus wird mit dem Duft kostbaren Salböls erfüllt sein, wenn du denjenigen behütest, den du der Erlösung für würdig erachtet hast. Dann wird man sagen: «Seht, er wurde nicht an der Brust der Kirche genährt, nicht von Kindheit an gezähmt, sondern aus den Gerichtssälen herausgerissen, den Eitelkeiten dieser Welt entführt. Er hat sich umgewöhnt, vom Ruf des Herolds an den Gesang des Psalmisten. Er verbleibt im Priesteramt nicht um seiner Tugend willen, sondern durch die Gnade Christi, und sitzt unter den Gästen der himmlischen Tafel.»

73. Bewahre dein Geschenk, o Herr, hab Acht auf die Gabe, die du mir zuteilwerden ließest trotz meiner

Flucht. Denn ich wusste, dass ich nicht würdig war, zum Bischof berufen zu werden, da ich mich dieser Welt hingegeben hatte. Doch durch deine Gnade bin ich, was ich bin; und gewiss bin ich zu Recht der Geringste und Niedrigste unter allen Bischöfen. Da aber auch ich eine gewisse Arbeit für deine heilige Kirche aufgenommen habe, halte deine Hand über diese Frucht, und lass nicht zu, dass derjenige, den du ins Priesteramt riefst, als er verloren war, nun als Priester verloren geht!

Wie auch wir vergeben unseren Schuldigern

Vor allem aber mögen wir lernen, aus tiefstem Herzen Mitleid zu haben mit den Sündern, denn darin besteht die höchste Tugend, wie geschrieben steht: «Und du wirst dich nicht freuen über die Kinder Judas am Tag ihres Verderbens und du wirst keine großen Reden schwingen am Tag ihrer Not» (Obd. 1,12). Jedes Mal, wenn mir die Sünde eines Gefallenen vor Augen tritt, möge ich Mitleid haben und ihn nicht hochmütig tadeln, sondern trauern und ihn beweinen, so dass ich, während ich um einen anderen weine, mich selbst beweinen möge mit den Worten: «Thamar ist mehr gerechtfertigt als ich» (Gen. 38,26).

74. Sie mag als junges Mädchen in Sünde gefallen sein, getäuscht und hingerissen von Gelegenheiten, denn die sind der Zunder der Sünde.[44] Auch wir Älteren sündigen, in uns streitet das Gesetz dieses Fleisches

[44] Ambrosius verwendet hier mit *fomes* einen Begriff, der in der katholischen Tradition eine große Rolle spielen sollte (vgl. KKK 1264: «Herd» der Sünde).

gegen das Gesetz unseres Geistes und macht uns zu Gefangenen der Sünde, so dass wir tun, was wir nicht wollen (vgl. Röm. 7,19-23). Ihr hilft ihr Alter als Entschuldigung, ich habe keine mehr; denn sie muss lernen, wir müssen lehren. Somit ist Thamar mehr gerechtfertigt als ich.

75. Beschuldigen wir jemanden des Geizes? Dann wollen wir bedenken, ob wir selbst nie etwas aus Geiz tun, und wenn wir es getan haben – da ja der Geiz eine Wurzel allen Übels ist (vgl. I. Tim. 6,10) und wie eine solche aus dem dunklen Erdreich heraus in unseren Leib kriecht –, dann wollen wir einer nach dem anderen sagen: «Thamar ist mehr gerechtfertigt als ich.»

76. Wenn wir uns gegenüber jemandem heftig erregt haben, ist es für den Laien eine weniger große Sache, etwas in Erregung getan zu haben, als für den Bischof. Gehen wir also mit uns zu Rate und sagen: «Derjenige, der der Erregung angeklagt ist, ist mehr gerechtfertigt als ich.» Wenn wir dies sagen, so schützen wir uns selbst davor, dass der Herr Jesus oder einer seiner Jünger zu uns sagt: «Den Splitter im Auge deines Bruders siehst du, aber den Balken in deinem Auge siehst du nicht. Du Heuchler! Entferne zuerst den Balken aus deinem Auge, dann wirst du zusehen, den Splitter aus dem Auge deines Bruders zu entfernen» (Mt. 7,3/5).

77. Schämen wir uns also nicht auszusprechen, dass unsere Schuld schwerer wiegt als die desjenigen, den wir meinen anklagen zu müssen, denn so sprach Juda, der Thamar anklagte, sich aber dann seiner eigenen Schuld erinnerte: «Thamar ist mehr gerechtfertigt als ich.» Darin liegt sowohl ein tiefes Geheimnis als auch eine

moralische Weisung, denn es wurde ihm keine Schuld angerechnet, weil er sich selbst anklagte, bevor er von anderen angeklagt wurde.

78. Ich will mich also nicht freuen über die Sünde eines anderen, sondern vielmehr trauern, denn es steht geschrieben: «Meine Feindin, freue dich nicht darüber, dass ich gefallen bin. Ich werde mich wieder erheben, denn wenn ich sitze in der Finsternis, wird mir der Herr leuchten. Den Zorn des Herrn werde ich ertragen – ich habe ja gegen ihn gesündigt –, bis er sich meiner Sache annimmt, mein Urteil spricht und mich hinausführt zum Licht. Dann werde ich seine Gerechtigkeit schauen. Auch meine Feindin wird sie schauen, und Schande wird sie bedecken, sie, die mich fragte: ‹Wo ist der Herr, dein Gott?› Meine Augen werden sie sehen, und sie wird zusammengestampft sein wie der Schlamm der Straße» (Mich. 7,8-10). Und es geschieht nicht unverdient, denn wer sich über den Fall eines anderen freut, freut sich über den Sieg des Teufels. Und so schmerzt es uns sehr, wenn wir hören, dass ein Mensch zugrunde ging, für den Christus gestorben ist, er, der bei der Ernte auch den Halm nicht übersieht.

79. Möge er bei der Ernte auch diesen Halm, nämlich den wertlosen Stängel meiner Frucht, nicht verwerfen, sondern aufsammeln, wie er selbst sagt: «Wehe mir, denn ich bin geworden wie einer, der bei der Ernte Halme aufsammelt und Traubenstiele bei der Weinlese» (Mich. 7,1); auf dass er wenigstens die Erstlinge seiner Gnade in mir esse, wenn er auch die Späteren nicht gutheißen mag.

IX,80. Es kommt uns also zu, sowohl an die Notwendigkeit der Bußhandlung als auch des Gnadenerweises zu glauben, wobei wir die Vergebung freilich als Zusage des Glaubens erhoffen, nicht als etwas, was man uns schuldig wäre. Denn es ist eine Sache, sich etwas zu verdienen, eine andere aber, sich etwas von vornherein anzumaßen. Der Glaube erwirkt Vergebung gleichsam kraft eines Schuldscheins, die Anmaßung aber neigt eher zum Ergreifen als zum Erbitten. Zuerst begleiche, was du schuldig bist, sodann magst du dir das Recht verdienen, das zu erwirken, worauf du hoffst. Zeige die Gesinnung eines guten Schuldners, auf dass du nicht zur Abzahlung deiner Schuld eine neue Anleihe aufnimmst, sondern durch den Reichtum deines Glaubens die vertraglich festgeschriebene Schuldenlast begleichst.

81. Wer bei Gott in der Schuld steht, hat reichere Reserven zur Ablöse als derjenige, der einem Menschen etwas schuldet. Ein Mensch verlangt Geld für Geld, was aber dem Schuldner nicht immer zur Verfügung steht. Gott fordert eine innere Einstellung, die in deiner Macht liegt. Wer bei Gott in der Schuld steht, ist nicht arm, es sei denn, er hätte sich selbst arm gemacht. Hat er nichts zum Verkaufen, so hat er doch etwas zum Bezahlen. Gebet, Tränen und Fasten bilden das Vermögen des guten Schuldners, das weitaus üppiger ist als das desjenigen, der das Geld aus dem Erlös seiner Landgüter ohne Glauben beibringt.

82. So war Ananias arm, als er nach dem Verkauf seines Ackers das Geld zu den Aposteln brachte, womit

er sich aber nicht auslösen konnte, sondern noch mehr verstrickte (vgl. Apg. 5,1-5). Reich hingegen war jene Witwe, die zwei kleine Münzen in den Opferkasten gab, und von der gesagt wurde: «Diese arme Witwe hat mehr gegeben als sie alle» (Lk. 21,3). Denn Gott fragt nicht nach Geld, sondern nach Glauben.

83. Ich bestreite nicht, dass durch Zuwendungen an die Armen die Sünde gemindert werden kann, aber nur, wenn der Glaube die Ausgabe empfiehlt. Denn was nützt das Spenden des Vermögens ohne die Gnade der Liebe?

84. Es gibt Menschen, die sich nur um des Beifalls willen den Schein von Freigiebigkeit geben, denn sie wollen von der Menge als vortrefflich angesehen werden, weil sie nichts für sich selbst behalten. Aber solange sie den Lohn in der gegenwärtigen Welt suchen, legen sie nichts für die zukünftige zurück, und weil sie ihren Lohn hier erhalten haben, können sie ihn dort nicht erhoffen.

85. Es gibt aber auch solche, die ihren Besitz durch einen spontanen inneren Drang statt nach sorgsamer Abwägung der Kirche übergeben haben und dann später meinten, ihn zurückfordern zu müssen. Diesen Leuten hat weder Ersteres noch Letzteres Lohn eingebracht, denn Ersteres war Leichtsinn, Letzteres Frevel.

86. Dann gibt es auch jene, die es bereuen, ihren Besitz unter den Armen verteilt zu haben. Aber für diejenigen, die Buße tun, ist dies das Einzige, was sie nicht bereuen dürfen, denn sonst würden sie ihre eigene Buße bereuen. Viele, die sich ihrer Sünden bewusst sind, erbitten aus Angst vor künftiger Strafe die Möglichkeit

zur Buße und machen, sobald sie sie empfangen haben, einen Rückzieher aus Scham vor dem öffentlichen Bußgang. Diese Leute scheinen die Buße für ihre bösen Taten erbeten zu haben, aber für ihre guten tun zu wollen.

87. Manche fordern Buße, weil sie wollen, dass ihnen die Kommunion augenblicklich wieder ausgeteilt wird. Sie wollen nicht so sehr sich selbst lösen, als vielmehr den Priester binden. Sie entlasten nicht ihr Gewissen, sondern belasten das des Priesters, dem geboten ist: «Gebt das Heilige nicht den Hunden und werft eure Perlen nicht vor die Schweine!» (Mt. 7,6). Das bedeutet: Denjenigen, die mit Unflätigkeiten beschmutzt sind, ist die Teilnahme an der heiligen Kommunion nicht zu gewähren.

88. Daher wirst du sie in farbenfrohem Gewand dahinschreiten sehen, sie, die trauern und seufzen sollten, weil sie das Tauf- und Gnadengewand befleckt haben. Du wirst Frauen ihre Ohren mit Perlen beladen und daher ihre Nacken krümmen sehen, sie, die sich lieber vor Christus als vor lauter Gold beugen sollten, die über sich selbst weinen sollten, da sie die Perle, die vom Himmel kommt, verloren haben (vgl. Mt. 13,45-46).

89. Es gibt auch diejenigen, die meinen, die Buße bestehe darin, sich der himmlischen Sakramente zu enthalten. Solche Leute sind zu grausame Richter ihrer selbst, da die sich selbst eine Strafe verordnen, aber das Heilmittel ablehnen; gerade sie sollten ihre Strafe beklagen, weil sie um die himmlische Gnade betrogen wurden.

90. Andere wiederum, denen die Hoffnung auf Buße in Aussicht gestellt ist, halten dies für eine verlängerte

Erlaubnis für Verfehlungen, wo doch die Buße das Heilmittel für die Sünde ist, nicht ihr Anreiz. Denn die Wunde braucht die Arznei, nicht die Arznei die Wunde. Man sucht nach Arznei wegen einer Wunde, man wünscht sich keine Wunde wegen der Arznei. Schwach ist die Hoffnung, die sich der Zeit anvertraut, denn jede Zeit ist ungewiss, und nicht jede Hoffnung überdauert die Zeit.

X,91. Könnte es wohl jemand ertragen, dass du bei einer Bitte an Gott errötest, bei einer Bitte an einen Menschen aber nicht, und dass du dich schämst, bei Gott, dem alle deine Taten offen vor Augen liegen, um Gnade zu flehen, während du dich nicht schämst, deine Sünden einem Menschen zu bekennen, dem deine Taten verborgen sind? Du fürchtest Zeugen und Mitwisser deines Gebets zu Gott, während du, wenn es darum geht, einen Menschen zufriedenzustellen, viele bittend angehen musst, sie beschwören musst, damit sie sich entschließen, für dich einzutreten, dich auf die Knie werfen musst, Füße küssen musst, auch deine Kinder, die von Schuld bislang nichts wussten, als Fürsprecher für die Vergebung ihres Vaters aufbringen musst? Es widerstrebt dir also, dies in der Kirche zu tun, Gott anzuflehen, bei seinem heiligen Volk Schutz und Fürsprache zu ersuchen, wo es hier doch gar keinen Anlass zur Scham gibt, es sei denn, weil man nicht bekennt – denn wir sind alle Sünder. Unter uns ist man umso löblicher, je demütiger man ist, und umso gerechter, je mehr man sich selbst erniedrigt.

92. Lass die Mutter Kirche für dich weinen und deine Schuld mit Tränen abwaschen! Lass Christus dich trauern

sehen, auf dass er sage: «Selig sind die Trauernden, denn sie werden sich freuen» (Mt. 5,4). Es gefällt ihm, wenn viele für einen bitten. So hat er ja im Evangelium, von den Tränen der Witwe bewegt, weil viele für sie weinten, ihren Sohn wiederauferweckt. Deshalb hat er auch den Petrus schneller erhört, so dass Dorkas[45] sich wieder erhob, weil die Armen den Tod der Frau beseufzten (vgl. Apg. 9,36-41). Er hat Petrus auch sofort vergeben, weil er bitterlichst geweint hat. Wenn auch du so bitterlich weinst, wird Christus auf dich schauen, und deine Schuld wird verschwinden. Denn die Erfahrung von Schmerz beseitigt den Genuss des Verbrechens, die Lust des Lasters. Indem uns also die begangenen Sünden schmerzen, schließen wir potenziell noch zu begehende aus, und so entsteht aus der Verurteilung der Schuld eine Erziehung zur Unschuld.

93. Lass dich also durch nichts von der Buße abbringen! Du hast sie mit den Heiligen gemein, und wäre doch das Weinen nachzuahmen, wie es die Heiligen vorlebten! David «aß Asche wie Brot und mischte seinen Trank mit Tränen» (Ps. 101,10). Nun freut er sich umso mehr, weil er zuvor umso mehr geweint hat: «Ströme von Wassern», sagt er, «flossen aus meinen Augen» (Ps. 118,136).

94. Johannes weinte viel (vgl. Offb. 5,4) und spricht zu uns von den Geheimnissen Christi, die ihm offenbart wurden. Jene Frau aber, die hätte weinen sollen, da sie in Sünde war, freute sich, hüllte sich in purpurne und scharlachrote Kleider und schmückte sich mit viel Gold

[45] Altgriechische Form von Tabitha.

und kostbaren Edelsteinen; nun beklagt sie verdientermaßen die Qual ewigen Weinens (vgl. Offb. 17-18).

95. Es finden sich Leute, die meinen, es könne mehrmals Buße getan werden. Sie treiben ihren Mutwillen mit Christus. Denn wenn sie ernsthaft Buße täten, würden sie nicht meinen, diese sei später noch einmal zu wiederholen. Wie es die eine Taufe gibt, so gibt es auch die eine Buße, jedenfalls nur die eine öffentliche. Denn täglich müssen wir für unsere Sünden Buße tun, aber das betrifft die leichteren Vergehen, die öffentliche Buße ist für die schwereren.

96. Ich habe übrigens leichter Menschen finden können, die ihre Unschuld bewahrt hatten, als solche, die in angemessener Weise Buße getan hatten. Glaubt etwa jemand, da sei Buße, wo man nach gesellschaftlicher Stellung giert, wo der Wein fließt, wo sogar ehelicher Umgang gepflegt wird? Der Welt muss man entsagen, selbst dem Schlaf soll man weniger nachgeben, als es die Natur fordert, er ist durch Seufzen zu behindern, durch Stöhnen zu unterbrechen, durch Gebete zu entziehen. Wir müssen so leben, dass wir der weltlichen Lebenspraxis absterben. Der Mensch soll sich selbst verleugnen und sich genau so verhalten, wie es in der Geschichte von dem jungen Mann erzählt wird, der sich nach einer Liebschaft mit einer Dirne in die Ferne aufmachte und erst zurückkehrte, nachdem er sein Verlangen beseitigt hatte. Als er dann seiner früheren Geliebten begegnete, wunderte diese sich, dass sie nicht von ihm bestürmt wurde, und meinte daher, er habe sie nicht erkannt. So lief sie ihrerseits auf ihn zu und sagte: «Ich bin's», woraufhin er antwortete: «Aber ich bin's nicht mehr.»

97. Deshalb sagt der Herr mit Recht: «Wer mir nachfolgen will, der verleugne sich selbst, nehme sein Kreuz auf und folge mir» (Mk. 8,34). Und in der Tat, wer mit Christus gestorben und begraben ist, der darf nicht immer noch Entscheidungen treffen, als lebte er in dieser Welt. «Rühre nichts an», heißt es, «und fasse nichts an, was allein durch seinen Gebrauch ins Verderben führt» (Kol. 2,21-22)[46], weil allein schon der Gebrauch dieses Lebens zum Verderben der Reinheit führt.

XI,98. Die Buße ist also etwas Gutes, denn wenn es sie nicht gäbe, würden wohl alle die Gnade der Taufe bis ins hohe Alter aufschieben. Solchen Leuten sei erwidert, dass es besser ist, etwas zu haben, was man flicken kann, als gar nichts zu haben, womit man sich bekleiden kann. Aber so, wie das einmal Zugeflickte wieder ganz wird, so fällt das mehrmals Zusammengenähte in sich zusammen.

99. Diejenigen aber, die die Buße aufschieben, hat der Herr selbst bereits ausreichend ermahnt: «Tut Buße, denn das Himmelreich ist nahe herbeigekommen» (Mt. 4,17). Wir wissen nicht, zu welcher Stunde der Dieb kommt, wir wissen nicht, ob in der nächsten Nacht unsere Seele von uns gefordert wird. Gott hat Adam nach dessen Sünde sofort aus dem Paradies verbannt; einen Aufschub gab es nicht, er trennte ihn sofort von den Freuden des Paradieses, auf dass er Buße tue, und kleidete ihn sofort in ein Gewand aus Fell, nicht aus Seide.

[46] Ambrosius verkehrt den Sinn der paulinischen Worte in sein genaues Gegenteil. Der Apostel gibt hier die falschen Warnungen der Irrlehrer vor irdischen Dingen wieder.

100. Warum also aufzuschieben? Etwa, damit du noch eine große Anzahl Sünden begehen kannst? Weil Gott also gut ist, bist du böse und verachtest den Reichtum seiner Güte und Langmut? (vgl. Röm. 2,4). Die Güte Gottes soll dich vielmehr zur Buße hinführen. Darum sagt der heilige David zu allen: «Kommt, wir wollen ihn anbeten und vor ihm niederfallen, weinen wollen wir vor unserem Herrn, der uns gemacht hat» (Ps. 94,6). Was aber den Sünder betrifft, der ohne Buße verstorben ist, so bleibt nichts mehr übrig, außer bitterlich zu trauern und zu weinen, weshalb du David weinen siehst und sagen hörst: «Mein Sohn Absalom, mein Sohn Absalom!» (II. Kön. 19,1). Denn wer ganz und gar tot ist, wird ohne jede Einschränkung beweint.

101. Über diejenigen aber, die als Verbannte und Nichtbürger der väterlichen Grenzen, die das heilige Gesetz des Moses ihnen zugewiesen hat, in die Irrtümer dieser Welt verstrickt sind, hörst du ihn singen: «An den Flüssen Babylons, da saßen wir und weinten, wenn wir Zions gedachten» (Ps. 136,1). Er zeigt an, dass sich das Geschlecht der Gefallenen, das sich noch immer im Zustand der gegenwärtigen Zeit und der gefallenen Welt befindet, bekehren muss; und zu diesem Zweck führt er das Beispiel jener an, die als Lohn für ihre Sünde in die Pein der Gefangenschaft geführt wurden.

102. Aber nichts verursacht einen so großen Schmerz, wie wenn sich jemand, der sich in der Sklaverei der Sünde befindet, daran erinnert, von wo er gefallen, von wo er gestürzt ist, denn er hat sich von der strahlend schönen Ausrichtung auf die göttliche Erkenntnis abgewandt hin zu den körperlichen und weltlichen Dingen.

103. Als Beispiel hast du Adam, der sich versteckt, als er merkt, dass Gott zugegen ist. Er wollte verborgen sein, da er gesucht, da er gerufen wurde von Gott mit jenem Ruf, der das Innere dessen, der sich versteckt hielt, verletzte, nämlich: «Adam, wo bist du?» (Gen. 3,9). Das soll heißen: «Warum versteckst du dich, warum verbirgst du dich, warum fliehst du vor dem, den du einst zu sehen ersehntest?» So schwer wiegt die Schuld des Gewissens, dass es sich auch ohne Richter selbst bestraft und sich zu verhüllen wünscht – und doch ist es vor Gott nackt.

104. Deshalb darf niemand, der sich im Stand der Sünde befindet, das Recht auf die Sakramente oder deren Gebrauch für sich in Anspruch nehmen, denn es steht geschrieben: «Du hast gesündigt? Verhalte dich ruhig!» (Gen. 4,7). Wie auch David in unserem Psalm sagt: «An den Weiden in seiner Mitte haben wir unsere Instrumente aufgehängt» (Ps. 136,2); und später: «Wie werden wir den Gesang des Herrn in einem fremden Land singen?» (Ps. 136,4). Wenn nämlich das Fleisch wider den Geist streitet und nicht der Führung der Seele und der Herrschaft des Geistes unterstellt ist, dann handelt es sich um «fremdes Land», das noch nicht gebändigt wurde durch die Tätigkeit des Bebauers und somit auch nicht die Früchte der Liebe, der Geduld und des Friedens hervorbringen kann. Es ist also besser, sich ruhig zu verhalten, wenn man die Werke der Buße nicht tun kann, damit nicht während der eigentlichen Buße etwas geschieht, was später wiederum eine Buße nötig macht. Ist sie einmal in Anspruch genommen und nicht rechtmäßig ausgeführt, so erzielt sie nicht die Frucht

der eigentlichen und verhindert den Gebrauch einer weiteren.

105. Wenn nun das Fleisch Widerstand leistet, muss der Geist auf Gott gerichtet sein, wenn die Werke nicht folgen, soll der Glaube treue Dienste leisten, und wenn die Verlockungen des Fleisches oder die feindlichen Mächte nach uns greifen, soll der Geist Gott ergeben bleiben. Wir werden nämlich dann am meisten bedrängt, wenn das Fleisch zuschlägt. Und es gibt Menschen, die sich mit aller Gewalt auf die arme Seele stürzen, mit der Absicht, ihr allen Schutz zu entreißen, wozu gesagt ist: «Plündert, plündert sie bis auf den Grund!» (Ps. 136,7).

106. Wie mitleidsvoll sagt David: «Unselige Tochter Babylons!» (Ps. 136,8). Unselig allemal, denn die Tochter Babylons ist diejenige, die aufgehört hat, Tochter Gottes zu sein. Dennoch holte er gewissermaßen einen Arzt für sie, wenn er sagt: «Selig ist, der deine kleinen Kinder ergreifen und gegen den Felsen schmettern wird» (Ps. 136,9), also der, der die ungesunden und schlüpfrigen Gedanken zerschmettert an Christus, der wiederum durch die ihm entgegengebrachte Ehrfurcht und mit sicherem Urteil alle unvernünftigen Regungen auslöscht, so dass derjenige, der sich zu ehebrecherischer Liebeslust hingezogen fühlt, den feurigen Fangstrick der Dirne zerreißt und sich von seinem inneren Drang lossagt, um Christus zu gewinnen.

107. Wir haben also erkannt, dass Buße getan werden muss, und zwar dann, wenn sich die Zügellosigkeit der Sünde abkühlt; überdies, dass wir, solange wir Gefangene der Sünde sind, besonders ehrfürchtig und nicht

besonders anmaßend sein sollen. Denn wenn selbst zu Moses, der sich danach sehnte, näher heranzutreten, um die Erkenntnis des himmlischen Geheimnisses zu erleben, gesagt wird: «Löse die Schuhe von deinen Füßen» (Ex. 3,5), wie viel mehr müssen wir dann die Füße unserer Seele von den körperlichen Fesseln befreien und sämtliche Schritte aus den Windungen dieser Welt lösen.

LITERATURVERZEICHNIS

QUELLEN

AMBROSIUS VON MAILAND, *De Obitu Theodosii Oratio*, in: JOHANNES EVANGELIST NIEDERHUBER (HG.), *Des heiligen Kirchenlehrers Ambrosius ausgewählte Schriften Bd. 3*, BKV 32, München 1917, 387-423.

AMBROSIUS VON MAILAND, *Expositio Evangelii secundum Lucam*, hg. Gabriel Tissot (= SC 52), Paris 1958.

AMBROSIUS VON MAILAND, *Apologia prophetae David*, hg. Felix W. Heinrichs, Oberhausen 2013.

Biblia Sacra Iuxta Vulgatam Versionem, editio quinta, hg. von Robert Weber/Roger Gryson, Stuttgart [5]2007.

CICERO, *Pro L. Murena Oratio*, hg. von Elaine Fantham, Oxford 2013.

Einheitsübersetzung der Heiligen Schrift, Stuttgart 2016.

EUSEBIUS VON CÄSAREA, *Historia Ecclesiastica V-VII*, hg. von Gustave Bardy (= SC 41), Paris 1955.

Hirt des Hermas, in: ULRICH KÖRTNER / MARTIN LEUTZSCH, *Schriften des Urchristentums 3*, Darmstadt 1998, 105-497.

HOMER, *Ilias*, hg. von Hans Rupé, Berlin [16]2013.

Itala. Das Neue Testament in altlateinischer Überlieferung, nach dem Handschriften herausgegeben von Adolf Jülicher, Bd. III: Lucasevangelium, Berlin [2]1976.

Katechismus der Katholischen Kirche. Vollständiger Text der Neuübersetzung aufgrund der Editio typica Latina, München 2019.

Nestle-Aland, Novum Testamentum Graece, hg. von Barbara und Kurt Aland / Johannes Karavidopoulos /Carlo M. Martini / Bruce M. Metzger, 28. revidierte Auflage, Stuttgart 2012.

Septuaginta, id est Vetus Testamentum graece iuxta LXX interpretes edidit A. Rahlfs, editio altera, hg. von R. Hanhart, Stuttgart 2006.

Tertullian, *De paenitentia*, hg. von Charles Munier (SC 316), Paris 1984.

Tertullian, *De pudicitia*, hg. von Claudio Micaelli / Charles Munier (= SC 394), Paris 1993.

Thomas von Aquin, *Summa Theologica III*, q. 84-90, in: Die deutsche Thomas-Ausgabe. Graz u.a. 1962.

Vetus Latina. Die Reste der altlateinischen Bibel 19/2, Evangelium secundum Iohannem: Jo 4,49 – 9,41, herausgegeben von Philip Burton, Freiburg 2013.

SEKUNDÄRLITERATUR

Ales, Adhémar d', *Novatien. Étude sur la théologie romaine au milieu du IIIe siècle*, Paris, 1925.

Auf der Maur, H. J., *Das Psalmenverständnis des Ambrosius von Mailand. Ein Beitrag zum Deutungshintergrund der Psalmenverwendung im Gottesdienst der Alten Kirche*, Leiden 1977.

Beutler, Johannes, *Die Johannesbriefe*, Regensburg 2000.

Braun, Herbert, *An die Hebräer*, Tübingen 1984.

Bultmann, Rudolf, *Die Johannesbriefe*, Göttingen [2]1969.

Campenhausen, Hans Freiherr von, *Ambrosius von Mailand als Kirchenpolitiker*, Berlin-Leipzig 1929.

Campenhausen, Hans Freiherr von, *Kirchliches Amt und geistliche Vollmacht in den ersten drei Jahrhunderten,* Tübingen [2]1963.

Daly, C. B., *Novatian and Tertullian,* The Irish Theological Quarterly 19 (1952), 33-43.

Dibelius, Martin, *Der Hirt des Hermas*, Tübingen 1923.

Dudden, Homes, *The Life and Times of St. Ambrose. Vol. II,* Oxford 1935.

Esser, Gerhard, *Der Adressat der Schrift Tertullians ‹De Pudicita› und der Verfasser des römischen Bussediktes,* Bonn 1914.

Gianola, Marco, *Non come giudice ma come vescovo. Lo Spirito nell'umanità di sant'Ambrogio*, Mailand 2018.

Felix Heinrichs, *Ambrosius von Mailand. Die Verteidigung des Propheten David, gewidmet Kaiser Theodosius*, Oberhausen 2013.

Hirschmann, Vera, *Die phrygische Opposition. Zu Novatianern und Montanisten im westlichen Kleinasien,* in: Hans Michael Shellenberg / Vera Elisabeth Hirschmann / Andreas Krieckhaus (Hg.), *A Roman*

Miscellany. Essays in Honour of Anthony R. Birley on his Seventieth Birthday, Danzig 2008, 42-48.

Hirschmann, Vera, *Die Kirche der Reinen. Kirchen- und sozialhistorische Studie zu den Novatianern im 3. bis 5. Jahrhundert,* Tübingen 2015.

Johannes Paul II., *Apostolisches Schreiben im Anschluss an die Bischofssynode Reconciliatio et Paenitentia,* 2. Dezember 1984.

Kirchgässner, Alfons, *Erlösung und Sünde im Neuen Testament,* Herder 1950.

Klauck, Hans-Josef, *Der erste Johannesbrief,* Neukirchen-Vluyn 1991.

Kriegbaum, Bernhard, *Kirche der Traditoren oder Kirche der Märtyrer? Die Vorgeschichte des Donatismus,* Innsbruck 1986.

Karl Lehmann, *Vorwort*, in: Die Deutschen Bischöfe, *Umkehr und Versöhnung im Leben der Kirche. Orientierungen zur Bußpastoral,* Bonn 1997, 5.

Lippold, Adolf, *Theodosius der Große und seine Zeit,* München [2]1980.

Markschies, Christoph, *Art. Ambrosius,* in: LACL ([3]2002) 19-28.

Moll, Sebastian, *The Arch-Heretic Marcion,* Tübingen 2010.

Moll, Sebastian, *Die Anfänge des Melitianischen Schismas*, ZAC 17 (2013), 479-503.

Odoardi, Giovanni, *La Dottrina della Penitenza in S. Ambrogio*, Rom 1941.

Papandrea, James, *Novatian of Rome and the Culmination of Pre-Nicene Orthodoxy,* Eugene 2011.

Poschmann, Bernhard, *Paenitentia Secunda. Die kirchliche Buße im ältesten Christentum bis Cyprian und Origenes,* Bonn 1940.

Rahner, Karl, *Sämtliche Werke Band 6/1: De paenitentia. Dogmatische Vorlesungen zum Bußsakrament,* Freiburg 2007.

Romer, Joseph, *Die Theologie der Sünde und der Busse beim hl. Ambrosius,* St. Gallen 1968.

Schmitz, Josef, *Gottesdienst im altchristlichen Mailand,* Köln-Bonn 1975.

Schnackenburg, Rudolf, *Die Johannesbriefe,* Freiburg [7]1984.

Schulz-Flügel, Eva, *Art. Tertullian,* in: LACL ([3]2002), 668-672.

Umberg, J. B., *Die richterliche Bußgewalt nach Joh. 20,23,* in: ZKTh 50/3 (1926), 337-370.

Vogt, Hermann Josef, *Coetus Sanctorum. Der Kirchenbergriff des Novatian und die Geschichte seiner Sonderkirche,* Bonn 1968.

Windisch, Hans, *Taufe und Sünde im ältesten Christentum bis auf Origenes,* Tübingen 1908.

Windisch, Hans, *Der Hebräerbrief,* Tübingen 1913.